AF361083

HISTOIRE NATURELLE

DES

OISEAUX DE PARADIS,

DES ROLLIERS,

DES TOUCANS ET DES BARBUS.

Tontes les figures de cet ouvrage ont été dessinées d'après nature par BARRABAND peintre, gravées par PERÉE et GREMILLIET, et imprimées en couleur par LANGLOIS et ROUSSET.

HISTOIRE NATURELLE

DES OISEAUX DE PARADIS

ET DES ROLLIERS,

SUIVIE

DE CELLE DES TOUCANS ET DES BARBUS,

PAR

FRANÇOIS LEVAILLANT.

TOME PREMIER.

PARIS,

Chez {
DENNÉ le jeune, Libraire, rue Vivienne, n°. 10.
PERLET, Libraire, rue de Tournon.

1806.

HISTOIRE NATURELLE

DES

OISEAUX DE PARADIS,

DES ROLLIERS, ET DES PROMEROPS.

INTRODUCTION

A L'HISTOIRE NATURELLE DES OISEAUX DE PARADIS.

EN parlant de ces magnifiques oiseaux, connus si généralement sous la dénomination d'OISEAUX DE PARADIS, et sur lesquels la nature semble avoir épuisé tous ses dons, tant par l'éclat des brillantes couleurs dont elle les a parés, que par les ornements particuliers qui les distinguent tous, ou presque tous, nous ne nous arrêterons pas à combattre les contes puérils que se sont plus à nous en faire les ornithologistes qui les premiers ont écrit sur ces oiseaux : nous nous bornerons à rectifier les erreurs modernes, celles qui ont été commises par ceux même qui se sont donnés tant de soins pour relever d'antiques rêveries, dont l'absurdité et l'invraisemblance ne méritoient pas l'honneur d'être réfutées sérieusement, et qui devoient bien plutôt rester ensevelies dans le plus profond oubli, ou être reléguées parmi les fables.

Au reste nous engageons ceux qui auroient la curiosité de

se convaincre par eux-mêmes jusqu'à quel point il a été possible à certains hommes d'avoir porté la crédulité ou la mauvaise foi, de lire, s'ils en ont la patience, tout ce qui a été imaginé au sujet de ces oiseaux dans l'Histoire naturelle et morale des Indes orientales et occidentales, par Acosta; dans l'Ornithologie d'Aldrovende; ainsi que dans plusieurs autres ouvrages, tels que le Museum Wormianum, les Navigations aux terres australes, et enfin dans la Collection académique d'Olton Helbigius, etc. etc.; ou même, pour plus de facilité, dans Buffon, qui, à l'article des Oiseaux de Paradis, rapporte et combat tout ce que les différents auteurs que nous venons de nommer ont inventé d'absurde et de ridicule sur ces oiseaux, d'après la supposition fausse qu'ils naissoient sans pieds, lorsque, pour se convaincre du contraire, il eût suffi de relever les plumes des flancs de leurs peaux mutilées par les sauvages pour s'assurer que les pieds en avoient été retranchés.

D'un autre côté, quoique nos ornithologues modernes aient reconnu que les oiseaux de paradis avoient des pieds (après les avoir vus cependant, puisque depuis long-temps ils nous sont en effet envoyés avec ces parties), cela ne les a pas empêchés de retomber eux-mêmes dans d'autres méprises, tout aussi impardonnables, en leur assignant des caracteres pris de leurs mutilations; comme d'avoir une petite tête, et des yeux à peine visibles et presque dans le bec; d'avoir les pieds démesurément disproportionnés à leur taille; et enfin d'avoir la tête et le col couverts de plumes hérissées, et formant un velours naturel : caracteres mal saisis, dont l'apparence n'étoit due qu'à la mauvaise préparation des peaux, et qui n'existent plus quand on voit ces oiseaux dans leur état parfait, tels que nous les connoissons aujourd'hui, et que nous nous proposons de les faire connoître aux naturalistes.

Il n'est pas douteux que depuis très long-temps, et bien avant même que nous ne connussions en Europe les oiseaux de paradis, les peuples des pays qu'ils habitent ne fussent dans l'usage d'en préparer les peaux, soit pour s'en faire des trophées qu'ils portoient dans certaines cérémonies, soit pour s'en faire aussi des parures distinguées, ce à quoi leurs belles plumes les rendent assurément bien propres. Ne se servant donc de leurs dépouilles que comme ornements, il étoit bien naturel qu'on en retranchât toutes les parties les moins belles, qui, pouvant offusquer leurs plus longues plumes, ou cacher leurs brillantes couleurs, devenoient au moins inutiles : de là, la nécessité d'en arracher les ailes, et sur-tout les pieds, peu propres à figurer dans un plumet. C'est cependant ce procédé, si simple et si naturel en lui-même, qui, ayant donné lieu à une première erreur, a fait naître toutes les fables des anciens voyageurs sur l'histoire des oiseaux de paradis, et croire si long-temps qu'ils naissoient sans pattes, et qu'ils voloient continuellement dans la moyenne région de l'air, en vivant de la rosée du ciel, etc. etc.

Comme, en écorchant ces oiseaux, les sauvages étoient aussi dans l'habitude de leur enlever tous les os de la tête, et de faire sécher ensuite leur peau enfilée sur un roseau, soit au four, soit dans le sable chaud, il résultoit de cette opération un racornissement forcé qui difformoit nécessairement le corps, rappetissoit considérablement la tête, privée de son soutien, et faisoit retirer les paupieres ; d'où on a saisi le caractere d'une petite tête, et des yeux dans le bec, à peine visibles : enfin du rapprochement inévitable des plumes, qui se trouvoient pressées sur une bien plus petite étendue de la peau racornie, résultoit encore leur hérissement, et par conséquent cette apparence de velours naturel qu'on s'obstine à leur trouver. Il n'étoit certes pas besoin d'avoir vu ces oiseaux dans leur état de nature pour se convaincre que tous ces caracteres n'étoient qu'apparents, et ne devoient être attribués qu'à la mauvaise préparation de leurs dépouilles. Or je demande si ceux qui ont assigné tous ces faux caracteres aux oiseaux de paradis, n'ayant point observé qu'ils étoient artificiels et simplement occasionnés par un racornissement forcé de leurs peaux, peuvent raisonnablement s'être élevés contre ceux qui, les voyant sans pieds, nous ont assuré que la nature ne leur en avoit point donné.

Cette mauvaise préparation a occasionné beaucoup d'autres erreurs, en faisant publier sous le nom d'oiseaux de paradis plusieurs especes totalement différentes, les nomenclateurs ayant fait de tous les oiseaux mutilés de la même maniere autant d'oiseaux de paradis; de sorte que des martins-pêcheurs, des guêpiers, des rolliers, des gobes-mouches, et même des perruches, et beaucoup d'autres especes qui n'ont pas le moindre rapport avec ces oiseaux, figurent cependant sous le même nom dans plusieurs ouvrages, et sont rapportés comme tels dans toutes les nouvelles ornithologies qui se publient chaque jour (1). C'est ainsi que les erreurs se renouvelant sans cesse se perpétuent et donnent lieu à d'autres erreurs plus funestes encore, et que nos connoissances sur l'histoire naturelle des oiseaux, loin d'avoir fait quelques progrès, sont non seulement restées au même point, mais que, se trouvant surchargées de toutes les erreurs modernes, elles tiennent aujourd'hui les naturalistes dans une perpétuelle incertitude sur un grand nombre d'oiseaux mal dénommés,

(1) Voyez Seba et plusieurs autres ouvrages, où un grand nombre d'oiseaux se trouvent figurés dans les formes que les sauvages leur ont données en les mutilant, et qui tous sont présentés comme autant d'oiseaux de paradis.

et si imparfaitement décrits, qu'ils ne savent à quelle espece les rapporter, ni dans quel genre les placer.

Buffon lui-même a prétendu que les sauvages et les marchands indiens, dans le dessein de nous tromper, mutiloient exprés tous les oiseaux, afin de les faire passer pour des oiseaux de paradis, et nous les vendre plus chèrement : assertion dénuée de tout fondement ; car il étoit impossible à ces peuples d'imaginer que nous attachassions plus de prix à des oiseaux de paradis sans pieds et sans ailes, qu'à tous autres oiseaux d'un joli plumage qui auroient eu ces parties, et ne se seroient pas nommés ainsi ; il est même plus que probable qu'ils ignoroient non seulement le nom que nous leur donnions chez nous, mais même l'idée que nous attachions à ce nom superstitieux, qui seul a suffi pour occasionner toutes les fables dont on nous a bercés. Il est bien plus naturel de croire que ces insulaires n'ayant pas d'autre moyen de préparer les oiseaux, et ne s'en servant d'ailleurs que pour faire des ornements, ils leur arrachoient tout uniment les pieds et les ailes à tous indistinctement, ce que nous ferions dans le même cas. Au moins est-il certain que les premiers Européens qui pénétrerent dans les pays qu'habitent les oiseaux de paradis trouverent ces oiseaux tout préparés pour l'usage des naturels, et qu'on nous les apporta sous les mêmes formes : il est encore vrai qu'aussitôt qu'on eut appris à ceux-ci que nous les préférions entiers, ils leur laisserent les pieds et les ailes ; de sorte qu'aujourd'hui on nous les envoie avec ces parties, mais malheureusement toujours desséchés au four ou dans le sable chaud ; de maniere qu'il est impossible, quoique entiers, de leur rendre leurs premieres formes, attendu que la peau étant cuite, et par conséquent racornie, on ne sauroit la faire prêter, même en l'humectant, comme

cela se pratique à l'égard de tous les différents oiseaux desséchés qui nous parviennent des autres pays lointains et qu'il
est nécessaire de ramollir avant qu'ils puissent être préparés
pour nos collections. J'ai essayé moi-même tous les procédés
pour parvenir à distendre ces dépouilles d'oiseaux de paradis,
afin de leur donner leur grosseur naturelle, sans avoir jamais
pu y réussir: c'est aussi ce qui m'a convaincu que les sauvages,
après les avoir écorchés, leur passent un fer chaud dans le
corps, et qu'ils les mettent ensuite sécher au four, comme le
rapporte Helbigius, puisqu'il est vrai que leurs peaux sont
effectivement cuites; ce qui se remarque très bien lorsqu'on
veut essayer de les rembourer, car ils se cassent plutôt que
de se prêter à aucune extension quelconque.

Il est cependant heureusement arrivé que, dans le nombre
de ces oiseaux qui nous sont parvenus depuis quelques années, il s'est trouvé plusieurs individus bien conservés, et
préparés avec le plus grand soin, soit qu'ils l'aient été par
quelques personnes des équipages européens qui ont pénétré
depuis peu dans le pays, soit que les naturels, ayant perfec-
tionné l'art de les conserver pour mieux nous les vendre, y
mettent plus de soin. Au reste, ayant été à même de voir
chez quelques uns de mes amis plusieurs de ces oiseaux de
paradis dans le plus parfait état de conservation, et en ayant
même acquis quelques especes, je me trouve heureux d'en
offrir aujourd'hui au public d'exactes descriptions, et des
portraits plus fideles, qui les fassent connoitre dans leur état
naturel, bien différent de celui où nous les connoissions par
les descriptions imparfaites et les mauvaises représentations
qui en ont été publiées, et même de celui où nous les voyons
figurer dans la plupart des cabinets, où ils offrent à l'observateur, qui admire leurs belles couleurs, plutôt autant de

mannequins emplumés que des oiseaux naturels. Nous avons aussi rassemblé plusieurs especes nouvelles de ces oiseaux, ainsi que quelques femelles de celles que nous connoissions déja, quoique imparfaitement, ce qui complétera, d'une maniere satisfaisante pour les naturalistes, l'histoire que nous nous sommes proposé d'en publier.

Nous ferons connoitre aussi parmi les rolliers et les promérops, dont le brillant plumage et l'élégance des formes ne le cedent point à ceux des oiseaux de paradis, beaucoup d'especes inconnues aux naturalistes. Les toucans ainsi que les barbus n'offriront pas moins d'attraits par la singularité de leurs formes, la beauté de leurs couleurs, et le grand nombre d'especes nouvelles que nous avons rassemblées dans ces deux genres, dont nous avons complété l'histoire en réunissant, autant que possible, le mâle, la femelle, et même les variétés d'âges de chacune d'elles.

Nous aurons grand soin d'indiquer les cabinets où l'on pourroit voir les individus dont nous parlerons; et, fideles aux principes que nous avons adoptés, nous ne ferons mention que des especes que nous avons vues nous-mêmes en nature, et dont l'existence ne pourra par conséquent nullement être douteuse pour les savants.

Le grand Oiseau de Paradis, émeraude, mâle. N.º 1.

Barraband p.t   De l'imprimerie de Langlois.   Pérée sculp.

HISTOIRE NATURELLE

DES

OISEAUX DE PARADIS.

LE GRAND OISEAU DE PARADIS ÉMERAUDE, MÂLE.

(N° 1.)

Nous avons assez fait appercevoir dans notre introduction les raisons qui ont donné lieu aux méprises des naturalistes qui ont parlé de cette espece d'oiseaux de paradis, pour n'avoir pas besoin de les reproduire ici, d'autant plus que la description que nous en donnons suffira pour rectifier toutes ces erreurs.

Les auteurs qui ont fait mention du grand oiseau de paradis émeraude lui donnent la grosseur de notre merle, tandis que sa taille égale celle de la corbine, à peu de chose près : quant à sa tête, elle est très forte, comme on peut le voir par la figure A de la planche 3, où elle est représentée de grandeur naturelle. On conçoit, d'après ces proportions, qui ne sont pas seulement apparentes, mais réelles, que toutes les autres parties de cet oiseau, c'est-à-dire les ailes, la queue et les pieds, ne doivent plus paroître disproportionnées, et même ridicules, comme elles le paroissent en effet dans les individus qui nous parviennent préparés par les sauvages ; et que ces longues plumes subalaires qui flottent sur les flancs et s'étendent très loin, en dépassant la queue, au lieu de sembler surcharger l'oiseau, et devoir beaucoup l'embarrasser dans l'action du vol, prennent ici un caractere bien différent, en même temps qu'elles forment un ornement de la plus grande élégance.

Les yeux, placés comme dans la plupart des autres oiseaux, sont proportionnés au volume de la tête, et même plutôt grands que petits. Pour leur couleur, nous ne la connoissons pas, les voyageurs n'en ayant fait aucune mention ; ce qui prouve, je pense, que pas un d'eux n'avoit vu

de ces oiseaux vivants, quoique d'ailleurs ils nous en donnent des détails
qui sembleroient annoncer des observations suivies, mais qui, par leurs
contradictions, nous laissent dans une incertitude absolue sur tout ce
qui a rapport aux habitudes naturelles, si propres cependant à jeter du
jour sur la place qu'occupe dans la nature l'espece dont nous parlons.

Suivant Tavernier, ces oiseaux se nourrissent de noix muscades, dont
ils sont très friands ; ce qui les enivre, dit-il : Hotton Helbigius nous
assure qu'ils vivent de baies rouges que produit un arbre très grand ;
Bontius, qu'ils sont carnivores, et qu'ils font la chasse aux petits oiseaux ;
et enfin Linné, qu'ils font leur proie des grands papillons. Voilà bien
des manieres différentes de se nourrir, et qui ne peuvent pas convenir
à la même espece. Je pense donc qu'à cet égard il faut attendre de meil-
leurs renseignements, et que quelques voyageurs instruits nous fassent
part de leurs observations, après avoir étudié les mœurs de ces oiseaux
dans leur pays natal.

Quant au vol de l'hirondelle que Bontius leur attribue encore, nous
sommes très persuadés que c'est aussi une erreur. La coupe des ailes des
oiseaux de paradis, et notamment de celles de l'espece que nous décrivons,
est si différente de celle des ailes des hirondelles, qu'il est impossible
que ces oiseaux aient la même maniere de voler. Nous ne connoissons
que les guépiers qui volent comme les hirondelles, et cela parcequ'ils
ont les ailes absolument taillées de la même façon. Au reste, je doute
fort que cette espece se trouve à Ternate. Ainsi le nom d'hirondelle de
Ternate, s'il est vrai qu'on l'ait appliqué à l'oiseau de paradis, est au
moins très impropre : il pourroit même bien se faire que ce fût ce nom
seul qui eût déterminé Bontius à nous dire qu'il avoit le vol de l'hirondelle. D'après tant de rapports faux ou au moins très suspects, et pour
ne rien hasarder à l'égard des oiseaux de paradis, nous nous bornerons
ici à en donner des figures plus exactes, des descriptions plus vraies ;
et ce sera sans doute beaucoup d'avoir déja fait connoître leurs formes
naturelles, si différentes de celles qu'on leur a prêtées jusqu'à ce jour.

Nous avons conservé à l'espece dont nous parlons le nom d'Oiseau de
Paradis Emeraude, en y appliquant l'épithete de Grand pour le distinguer d'un autre oiseau de paradis, qui, ayant beaucoup de rapport
avec lui, est cependant plus petit, et assez différent même par ses couleurs pour former une espece séparée.

Le grand oiseau de paradis émeraude a un pied de longueur du bout
du bec à l'extrémité de la queue, et quarante pouces à-peu-près jusqu'à
la pointe des deux filets qui en font partie. Le bec est un peu arqué et
se termine en pointe, la mandibule inférieure s'emboîtant dans la supérieure : sa couleur est d'un bleu plombé dans toute sa base et sur son
arête, et jaunâtre vers la pointe. Les plumes frontales se trouvent par-
tagées par la partie supérieure de l'arête du bec, qui, se prolongeant sur

le front, les sépare en deux pointes qui, de chaque côté, s'avancent sur les narines, qu'elles couvrent en grande partie : caractere qui semble rapprocher plusieurs especes d'oiseaux de paradis, des cassiques, quoique je leur trouve en général beaucoup de rapports aussi avec les promerops, qui non seulement ont ce caractere commun avec eux, mais encore les doigts à peu près semblables, et propres à se cramponer ; ce qui me porteroit à croire que les oiseaux de paradis sont insectivores, et qu'ils s'accrochent au tronc des arbres ainsi que tous les promerops, dont nous avons été à portée d'étudier les mœurs en Afrique. Les pieds sont forts et robustes, sans être disproportionnés : les ongles sont grands et épais ; celui de derriere étant le plus grand, et celui du milieu ayant un rebord tranchant plus saillant du côté intérieur : le tarse, sur le devant duquel les plumes de la jambe s'avancent plus que par derriere, est couvert d'une seule écaille qui l'entoure entièrement, et dont la suture se remarque dans toute sa longueur du côté du pouce très large à sa base, et revêtu en-dessous d'une peau chagrinée qui couvre également toute la plante du pied : les doigts sont articulés comme ceux de tous les autres oiseaux, quoique Wormius assure qu'ils n'ont chacun que trois articulations : ils sont couverts de larges écailles, et l'extérieur est réuni, à sa base, à celui du milieu. (Voyez la fig. B de notre planche n° 3.)

D'après les proportions du corps de cet oiseau, la grosseur de la tête, et la longueur du cou, on sent facilement que les plumes de ces dernieres parties ne se trouvant plus resserrées ni pressées les unes contre les autres dans un bien plus petit espace, et n'étant sur-tout plus hérissées, elles n'offrent pas au toucher l'apparence d'un velours rude, bien que celles du sommet de la tête soient si excessivement petites, que leur nombre surpasse peut-être celui de toutes les plumes d'un autre oiseau de la même taille.

Le front est ceint d'un large bandeau vert-émeraude, qui, passant entre l'œil et le bec, couvre la gorge, et descend sur le milieu du cou, où il s'élargit, et se termine circulairement en forme de plastron. J'observerai que, sur le bord du front et sous la gorge, ce vert paroît noir étant dans l'ombre ; ce qui a induit en erreur plusieurs nomenclateurs, qui ont donné à ces parties cette couleur : en revanche, exposé aux rayons directs de la lumiere, il prend un brillant des plus éclatants, sans être doré cependant, quoique tous ceux qui ont parlé de cet oiseau aient prétendu le contraire. Il est vrai que dans nos cabinets cette couleur se dénature promptement, et se dore par l'évaporation des sels et des odeurs qu'on emploie pour préserver les oiseaux de la voracité des insectes rongeurs. (1)

---

(1) Chacun peut se convaincre de cette vérité, et en faire l'expérience. Il suffit de prendre une plume verte, de celles qui jettent un éclat métallique, telles que celles de la tête de notre canard vulgaire, de notre étourneau, ou enfin de tout autre oiseau d'un vert lustré ; sur le plumage duquel on n'ap-

Le dessus de la tête, tout le derriere, et les côtés du cou, sont d'un jaune de paille ; mais les plumes de ces parties n'offrent cette couleur que dans la portion qui se voit lorsqu'elles sont appliquées les unes sur les autres, leur intérieur étant brun : celles de la gorge et du front sont également brunes en-dessous. Voyez les figures G et H de la planche 3, où nous donnons une des plus grandes plumes de chacune de ces parties. Sur le bas du cou et sur la poitrine, la couleur est d'un brun sombre nuancé d'une riche teinte violàtre qui, dans l'ombre, lui donne un aspect noir. Tout le reste du plumage est d'un brun de chataigne uniforme, plus clair sur le ventre que sur le dos : l'aile est composée de vingt pennes dont la couleur est la même, ainsi que celle de toutes ses couvertures supérieures et inférieures ; elle est longue, et elle atteint dans son état de repos presque l'extrémité de la queue, dont la dimension est d'un peu plus de cinq pouces, et le nombre des plumes de douze en y comprenant ses deux filets, qui ont ordinairement vingt-huit à trente-deux pouces de longueur, lorsqu'ils ont acquis tout le développement dont ils sont susceptibles. Ces filets sont bruns aussi, et n'ont de barbes qu'à leur naissance et dans un petit espace de la partie où ils touchent à la vraie queue : dans toute celle où ils la dépassent, ils sont absolument nuds, ronds, et de la forme d'un gros crin de la queue d'un éléphant.

Dans quelques individus, les filets ont à leurs pointes une petite palette de barbes comme celle que l'on voit dans notre planche n° 3, fig. C; mais j'ai observé que ceci n'avoit lieu que dans ceux qui n'ayant point encore acquis toute leur dimension, ou dont l'individu étant encore dans la mue, ne les avoient point perdues par le frottement qu'elles éprouvent contre les branches d'arbres, à travers lesquelles ces filets passent et repassent continuellement dans les divers mouvements de l'oiseau. Seba, et beaucoup de naturalistes qui l'ont copié, nous ont assuré cependant que ces palettes étoient le caractere distinctif des mâles, ce qui est une erreur. Quant à moi, je regarde ces palettes comme un caractere de

perçoive point d'or. Si on mouille cette plume seulement avec de l'eau limpide, elle se dorera dans l'instant même ; mais, en séchant, l'or disparoîtra. Si on fait dissoudre un sel quelconque dans cette eau, la plume restera toujours légèrement dorée ; et si on l'expose au-dessus de quelque odeur forte, comme celle du camphre, de l'esprit de thérébentine, et de tous les alkalis, elle deviendra d'un or rouge, et conservera sa couleur : mais, en l'exposant au-dessus d'un acide, elle se dorera bien davantage. La fumée du soufre produit le même effet, et l'or ne s'efface jamais. Les oiseaux réellement dorés reçoivent par ces différents procédés un éclat bien plus brillant encore, mais d'un or rougeâtre. C'est ce qui fait que tous les oiseaux mouches, la plupart des colibris et des sucriers, se trouvent souvent très dorés dans les cabinets, quoique la plus grande partie d'entre eux ne soient dans leur état de nature que d'un beau vert plus ou moins brillant. L'oiseau mouche émeraude, par exemple, sur lequel ne brille pas un atòme d'or dans son état parfait, devient ordinairement aussi doré que le jacamar, si on lui fait subir une de ces opérations. Il en est de même de tous les oiseaux à plumes lustrées, et qui, étant imprégnés des différentes drogues avec lesquelles ils sont préparés pour nos collections, finissent par se dénaturer plus ou moins : de là, la diversité qui se trouve dans les descriptions qu'en ont faites les naturalistes. Les insectes verts ou dorés éprouvent les mêmes altérations par les mêmes causes.

jeunesse. J'ai examiné plus de cent cinquante individus de cette espèce : dans ce nombre, je n'en ai vu que sept qui en eussent au bout de leurs filets ; et je me suis convaincu que tous ceux qui en étoient munis étoient des oiseaux encore en mue, ou qui avoient récemment mué. On peut se convaincre soi-même de cette vérité par l'inspection d'un de ces oiseaux qui a fait partie de ma collection, et qu'on voit aujourd'hui au Muséum d'histoire naturelle de Paris : il a ces palettes, mais les deux filets et les subalaires n'ont point encore acquis leur dimension, et sont encore engagés dans leur base par cette pellicule blanche qui entoure les barbes de toutes les jeunes plumes. Je compare donc ces palettes à cette sorte de duvet filandreux qu'on remarque sur les nouvelles plumes de tous les oiseaux en général, et qui se détache de lui-même quand elles ont tout leur développement.

Ce qui distingue le plus particulièrement l'espèce dont nous parlons, ce sont ces longues plumes à barbes décomposées, qui naissent sur les flancs, dépassent la queue avec laquelle elles se confondent, et se jettent par derrière, où elles forment par leur réunion une masse pour ainsi dire aérienne, tant elles sont légeres et transparentes. Les naturalistes les ont nommées subalaires parcequ'elles naissent sous les ailes : elles s'élevent en total au nombre de plus de six cents (1), et sont de formes, de couleurs et de nature différentes, suivant la place qu'elles occupent. Les plus grandes ont de vingt à vingt-deux pouces de longueur, et portent de longues barbes de la nature du duvet, et qui elles-mêmes sont autant de petites plumes dont on distingue très bien les barbilles : leur couleur est d'un brun clair, et elles se terminent toutes par un long filet chevelu. (Voyez la fig. D de la planche 3.) Les secondaires, qui couvrent les premieres, sont à barbes lisses, luisantes, et d'un beau jaune de jonquille. (Voyez fig. C de la même planche.) Les dernieres enfin, qui sont d'une même nature, et qui couvrent les secondaires, sont très étroites et du même jaune à leurs bases, et forment chacune une pointe d'un pourpre éclatant qui se dessine en riche bordure sur le fond jaune sur lequel elles sont distribuées par rang de taille, les plus petites étant placées le plus haut. (Voyez la fig. F ibid.) Toutes ces plumes subalaires n'occupent à-peu-près qu'un espace de deux pouces quarrés sur les flancs entre les cuisses et la poitrine : elles se trouvent pressées les unes contre les autres, et elles sont implantées si avant qu'elles montrent, toutes, leurs tuyaux sous la peau, qu'elles percent d'outre en outre ; ce qui prouve qu'elles sont reçues sur un muscle extenseur qui donne à l'oiseau la faculté de les hérisser à volonté, à la maniere du paon lorsqu'il releve ces belles plumes de parade qu'il porte sur le croupion, et que vulgai-

(1) Buffon n'en indique que quarante ou cinquante de chaque côté : j'ai eu la patience de les compter dans cinquante individus bien entiers, à la vérité, et j'ai constamment trouvé que leur nombre s'élevoit de chaque côté aussi de deux cent soixante à trois cent dix ; ce qui est bien différent.

rement et très improprement on nomme la queue, nom qu'on a donné souvent aussi aux plumes subalaires de l'oiseau de paradis, quoiqu'il ait une très belle queue.

Dans le grand nombre d'individus de cette espece que nous avons vus dans les différents cabinets des amateurs, nous avons remarqué que plusieurs d'entre eux n'avoient point de jaune aux plumes subalaires, et que ces parties étoient blanches ; ce qui a fait croire à quelques naturalistes que ces individus étoient des femelles ; mais nos observations nous ont prouvé que cette belle couleur jaune s'effaçoit promptement dans nos cabinets, lorsque ces oiseaux se trouvoient exposés long-temps aux rayons de la lumiere. J'ai eu moi-même dans ma collection plusieurs de ces oiseaux qui, dans l'espace de trois ou quatre ans, perdirent cette belle couleur jaune, et devinrent blancs peu-à-peu ; c'est ce que pourront confirmer beaucoup de curieux qui ont sans doute éprouvé le même inconvénient. Au reste ces oiseaux ne sont pas les seuls qui perdent, à la longue, leur brillant coloris. Ainsi tous ces oiseaux de paradis de la même espece, que nous voyons avec des plumes subalaires dont le jaune a disparu, sont des individus décolorés accidentellement, et non des variétés constantes, encore moins des femelles.

L'individu, dont je donne ici la description, fait partie du superbe cabinet d'histoire naturelle de M' J. Temmirck, ci-devant caissier de la compagnie des Indes à Amsterdam. Cet amateur est, jusqu'à ce moment, le seul peut-être qui puisse se flatter d'avoir un oiseau de cette espece dans son état parfait, par conséquent bien différent de tous ceux que l'on voit dans les autres collections, comme on peut facilement s'en convaincre par l'inspection de la figure que nous en publions, et qui a été faite d'après nature. (1)

---

(1) M. Temmirck reçut cet oiseau dans une caisse qui renfermoit vingt autres individus de la même espece ; mais celui-ci étoit le seul qui se trouvât dans un état parfait, les os de la tête, des cuisses et des ailes lui ayant été conservés, et la peau bourrée et recousue ; preuve évidente qu'il avoit été préparé par quelqu'un de très au fait des dépouillements. Cette caisse contenoit en outre plusieurs oiseaux de paradis, de l'espece du calibé, et autres ; ainsi que quelques perruches *lory-papoux*, espece que Seba a décrite pour un oiseau de paradis. J'ai trouvé encore, et avec la plus vive satisfaction, dans le même envoi plusieurs individus femelles, notamment celle de l'oiseau de paradis émeraude, dont on voit la figure dans le n° 2 de mes planches, et que nous allons décrire.

Femelle du grand Oiseau de paradis Emeraude. N.º 2.

LE GRAND OISEAU DE PARADIS ÉMERAUDE,
FEMELLE.

(N° 2.)

Celles-ci sont très différentes des mâles, la nature ne les ayant point gratifiées des mêmes attributs : plus simples dans leur vêtement, elles sont dépourvues de plumes subalaires, et ne portent les mêmes couleurs que sur les ailes, le dos, et la queue qui se trouve même dégagée des deux longs filets qui distinguent et peut-être embarrassent souvent les mâles dans l'action du vol. Le derriere de la tête et du cou sont d'un brun nuancé d'une teinte jaunâtre; le front est d'un brun plus décidé, ainsi que la gorge, tandis que tout le dessous du corps est d'un beau blanc: le bec et les pieds sont semblables dans les deux sexes. Cet individu fait partie de ma collection.

J'ai vu un jeune mâle de la même espece chez M. Boers, à Amsterdam, et dont la livrée tenoit également de celui de la femelle : ses plumes subalaires commençoient seulement à pousser à travers les plumes blanches du dessous du corps, qui elles-mêmes étoient mêlées en grande partie de plumes brunes; la gorge portoit aussi déja quelques plumes vertes, ce qui m'a convaincu qu'il en étoit de ces oiseaux comme de tous les autres en général, c'est-à-dire, que les mâles ne prennent leurs couleurs et leurs attributs qu'à un certain âge, et que pendant leur jeunesse ils ressemblent absolument aux femelles : cela a lieu au reste chez tous les oiseaux généralement de tous les climats et de toutes les especes.

Le grand oiseau de paradis émeraude se trouve à la Nouvelle-Guinée, assure-t-on, mais bien plus communément encore dans la partie de l'Inde où croissent les épiceries, et particulièrement à l'isle d'Arou, d'où les vaisseaux hollandois en rapportent en si grand nombre, que j'en ai souvent vu arriver à Amsterdam des caisses pleines ; de sorte qu'ils sont aujourd'hui très communs dans les cabinets d'histoire naturelle. Les femelles n'étant pas aussi belles que les mâles, elles sont probablement rebutées par les voyageurs, qui, n'espérant pas les vendre aussi chèrement, ne se soucient pas de s'en charger, ce qui les rend très rares; du moins, jusqu'à ce moment, je n'en ai vu que trois qui furent adressées, comme je l'ai dit, à M. Temminck, qui a eu la bonté de m'en donner une.

Tout ce qu'il est possible d'extraire de plus positif sur ces oiseaux, des différentes relations, se réduit à savoir qu'on les nomme, à la Nouvelle-Guinée, *burong-arou*; qu'ils volent en troupe, et que les Indiens leur font la chasse pour leurs belles plumes, et qu'ils les tuent à coups de fleches; ce qui laisse une grande lacune dans les connoissances qu'il faudroit avoir de ces magnifiques oiseaux pour en compléter l'histoire. Tous les naturalistes, au reste, ont parlé de cette espece: plusieurs d'entre eux l'ont même figurée assez mal pour la rendre presque méconnoissable. Les moins mauvaises de ces représentations sont cependant celles que Buffon et Edvvards en ont données dans leurs planches enluminées. Les auteurs latins lui ont appliqué différents noms, dont les principaux sont: *Avis paradisea, paradisiaca, apos indica, parvus pavo, pavo indicus, avis dei, manucodiata, manucodiata longa,* et même *hirondo ternatensis.* Belon l'a confondue mal à propos avec le phénix des anciens; et les Allemands lui ont donné le nom de *luft voagel* (oiseau de l'air); dénomination qui tient à son histoire fabuleuse, ainsi que celle de *passaros de sol,* par laquelle les Portugais désignent cet oiseau. Enfin son nom est en anglais, *bird of paradise;* en hollandais, *paradys voogel;* et en indien, *boëres.*

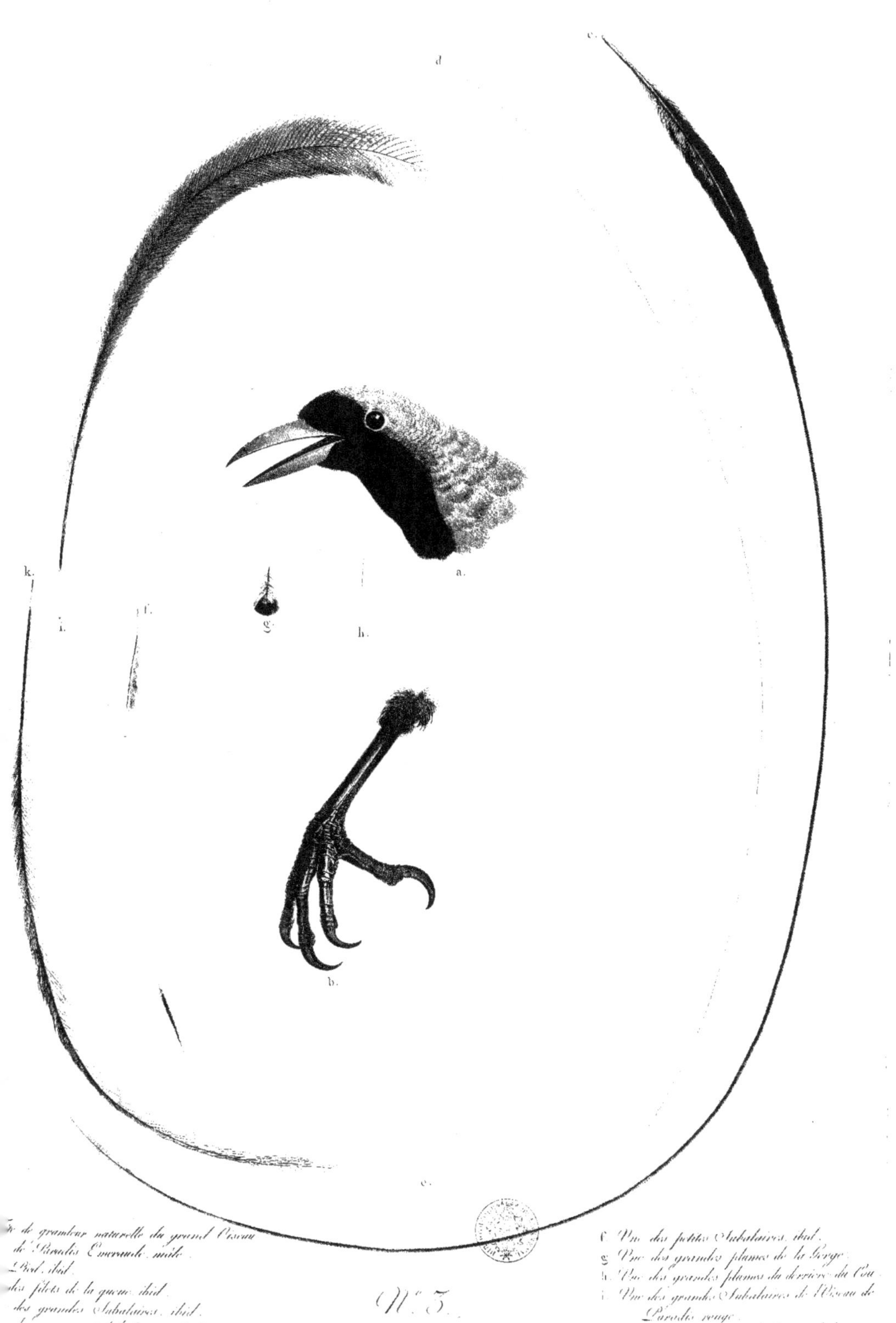

a. de grandeur naturelle du grand Oiseau
de Paradis Émeraude mâle.
. Bec. ibid.
. des filets de la queue ibid.
. des grandes Subalaires. ibid.
. des moyennes Subalaires. ibid.

N.º 3.

f. Vue des petites Subalaires. ibid.
g. Vue des grandes plumes de la Gorge.
h. Vue des grandes plumes du derrière du Cou.
i. Vue des grandes Subalaires de l'Oiseau de
Paradis rouge.
k. Vue des moyennes Subalaires. ibid.

Le petit Oiseau de paradis Emeraude, mâle . n.º 4 .

LE PETIT OISEAU DE PARADIS ÉMERAUDE, MÂLE.

(N° 4.)

Cet oiseau est probablement celui dont Clusius a voulu parler en nous apprenant qu'il y avoit deux especes d'oiseaux de paradis : l'une, plus grande et plus belle, attachée à l'isle d'Arou, et qui est celle que nous venons de faire connoître ; l'autre, plus petite, qui se trouve à la terre des Papoux la plus voisine de Gilolo, et que nous croyons être celle dont il est ici question ; ce qui s'accorderoit encore avec le rapport d'Helbigius, qui ajoute que les oiseaux de paradis de la Nouvelle-Guinée different de ceux de l'isle d'Arou non seulement par leur taille, mais aussi par leurs couleurs blanches et jaunes. On ne trouve cependant dans aucun auteur la description particuliere du petit oiseau de paradis émeraude, les naturalistes l'ayant toujours confondu avec le grand, quoique ces deux oiseaux soient assez dissemblables (comme il est aisé de s'en convaincre en comparant les deux figures que nous en donnons) pour former au moins deux races distinctes, sinon deux especes séparées : il est d'ailleurs à-peu-près certain qu'ils n'habitent pas le même pays, et qu'on ne les trouve jamais ensemble.

Ces deux oiseaux sont aussi communs l'un que l'autre ; il est même beaucoup de cabinets où ils se trouvent réunis, et où le grand passe assez généralement pour le mâle, et le petit pour la femelle : opinion erronée, en contradiction avec toutes les lois de la nature, trop constamment uniforme dans sa marche pour avoir fait un aussi grand écart, et cela en faveur d'une espece qui, parmi les oiseaux extraordinaires par la pompe de leur plumage, seroit la seule dont les femelles eussent en partage les riches attributs du mâle. En effet, si nous passons un instant la revue d'une partie de tous ces oiseaux que la nature s'est plu à orner d'une maniere plus magnifique, nous ne voyons briller que sur les mâles ces belles plumes dont le luxe et la surabondance décelent une intention particuliere : le paon se distingue par les siennes, qu'il déploie en forme de roue ; le faisan tricolor est remarquable par son camail, qu'il releve en fraise autour de sa tête ; la sarcelle de la Chine par l'élégance de sa grande huppe flottante, et par les deux plumes qui se redressent sur son dos ; le faisan de l'isle de Java par les dernieres pennes de ses ailes, prodigieusement longues, et si richement parées :

5

nos coqs sont fiers de leur beauté ; et l'on reconnoit les veuves et les moucherolles mâles à la longueur des plumes qu'ils portent à la queue. Enfin, chez tous ces oiseaux, ainsi que dans tant d'autres especes dont nous ne ferons pas ici l'énumération, il n'y a que les mâles qui soient pourvus de cet excès de plumes d'ornements, que les Hollandais seuls me paroissent avoir bien définies par le nom de *pronke - veren* qu'ils leur donnent dans leur langue, et que je ne rends que bien foiblement par celui de plumes de parure ou de parade, et mieux encore, pour le sens, par plumes d'étalage, puisque tous ces oiseaux les étalent effectivement dans certains moments, et sur-tout lorsque, animés par la présence de leurs femelles, ils préludent à leurs jouissances amoureuses. Il est donc clair que les individus de cette seconde sorte d'oiseaux de paradis, que je crois former une seconde espece, et qu'on qualifiera, si l'on veut, de seconde race de la même espece, ou même de variété de climat, ne peuvent être considérés comme des femelles de la premiere ou grande espece ; d'autant moins encore qu'il ne peut y avoir aucun doute que l'oiseau de notre planche n° 2, que nous donnons pour une femelle, ne le soit réellement, ou du moins qu'il ne soit un jeune mâle, car nous sommes convaincus qu'il est de la même espece : or, s'il est un jeune mâle, il est certain que les femelles lui ressemblent ; et, s'il est une femelle, il est sûr encore que le mâle, dans son jeune âge, porte la même livrée. Cette derniere assertion est non seulement appuyée sur une regle générale de la nature pour tous les oiseaux, mais l'observation nous en a prouvé la vérité pour cette espece même en particulier, comme nous l'avons fait voir ailleurs dans la variété que nous avons décrite, et qui, prête à quitter la livrée de l'enfance, commençoit à prendre celle de l'âge mûr.

Au reste, soit qu'il plaise aux naturalistes de confondre l'oiseau de paradis de cet article avec l'espece du précédent, soit qu'ils ne veuillent le considérer que comme une variété de climat, il est nécessaire, je crois, de le distinguer, puisque la nature semble avoir voulu séparer ces oiseaux en leur donnant des attributs différents par la taille et les couleurs, et que ces attributs distinctifs sont constants et permanents, comme nous l'avons vérifié dans plus de cent cinquante individus des deux especes que nous avons comparés.

Nous avons déja observé, d'après le témoignage de Clusius et d'Hotton Helbigius, que ces oiseaux n'habitent pas le même pays, et qu'on ne les rencontre jamais ensemble ; raison de plus pour croire qu'ils forment deux especes bien distinctes. Il ne nous reste donc qu'à faire voir leur différence par la description.

Le petit oiseau de paradis émeraude n'a que dix pouces de longueur, mesuré de la pointe du bec à l'extrémité de la queue ; sa masse totale est d'un tiers à peu près moins considérable que celle de l'espece précédente; c'est-à-dire, qu'il est approchant du volume de notre geai commun, avec lequel on pourroit le comparer. Ce dernier mode de comparaison établit même des rapports moins incertains et plus faciles à saisir que les mesures, quelqu'exactes qu'on puisse les supposer d'ailleurs, parcequ'elles varient comme tous les individus de chaque espece, qui jamais n'ont précisément la même taille.

Le petit, comme le grand oiseau de paradis émeraude, porte, sur le milieu de la queue, deux filets de la même nature et de la même forme; mais ils sont, proportions spécifiques à part, ainsi que je l'ai observé, généralement plus courts, car ils ne dépassent pas, ou ne dépassent que de très peu les plus grandes plumes subalaires, qui ornent aussi ses flancs, et auxquelles on peut appliquer tout ce que nous avons dit dans notre premier article sur leur transparence, leur nombre, leurs formes diverses, et la maniere dont elles sont implantées à travers la peau. Les plus grandes, et toutes celles de ces plumes qui sont à barbes touffues, séparées, transparentes, et terminées en de longs filets chevelus, sont d'un beau blanc, tandis qu'elles sont brunes dans l'espece du grand oiseau de paradis émeraude; les secondaires, à barbes lisses, sont d'un beau jaune lustré; et les dernieres, de même couleur que celles-ci, se terminent en pointes d'un pourpre éclatant. Les plumes du front forment un bandeau d'un vert d'émeraude, qui, passant entre le bec et les yeux, couvre la gorge et le devant du cou sur lequel il descend; mais, au lieu de s'élargir au bas, et de se terminer circulairement en forme de plastron, il se rétrécit, au contraire, et se partage en deux pointes vers la partie inférieure du cou. La couleur de toutes les plumes de cette partie est aussi d'un riche vert d'émeraude, et celle de leur duvet d'un brun violâtre. Le dessus de la tête, les côtés, et le derriere du cou, sont d'un jaune de paille glacé, plus brillant sur les parties basses. Le même jaune, nuancé d'une légere teinte brunâtre, colore toutes les plumes du manteau, des scapulaires, et du dos, jusqu'au croupion, où elles reprennent du brun de chataigne pur, qui est la couleur de la queue et des plumes de recouvrements supérieurs de celle-ci. Les petites couvertures du poignet de l'aile sont d'un brun richement nué de jaune; les plus grandes sont brunes et largement frangées du même jaune paille que le derriere du cou. Le bas du devant du cou, la poitrine, le ventre, le dessous de la queue, en un mot toutes les plumes du dessous du corps, sont d'un brun clair uniforme qui approche de la couleur de la canelle. Les pennes de l'aile sont d'un brun plus foncé, semblable à celui de la queue. Le bec et les pieds, qui ont absolument les mêmes caracteres que dans le grand oiseau de paradis émeraude, ont aussi leurs couleurs semblables à celles de ces parties dans le même oiseau.

Cette description doit suffire au lecteur pour lui faire établir les rapports et les différences qui se trouvent entre le grand et le petit oiseau de paradis émeraude : en jetant d'ailleurs un coup-d'œil de comparaison sur les figures très exactes que nous en avons données, il se mettra à même de fixer son opinion sur l'identité ou la diversité d'espece de ces deux oiseaux.

L'individu que je viens de décrire, et que j'ai figuré, fait partie de ma collection.

Femelle du petit Oiseau de paradis Emeraude. N.º 5.

LE PETIT OISEAU DE PARADIS ÉMERAUDE, FEMELLE.

(N° 5.)

En comparant la femelle du petit oiseau de paradis émeraude avec son mâle, on trouvera non seulement entre eux les mêmes rapports que ceux qui se font remarquer entre les individus des deux sexes dans le grand, mais on appercevra facilement encore que, quoique les femelles des deux espèces aient aussi entre elles beaucoup de traits de ressemblance, elles diffèrent cependant autant l'une de l'autre, que les mâles de chacune d'elles diffèrent entre eux : il semble même, à cet égard, que la nature, tout en rapprochant ces deux sortes d'oiseaux de paradis, n'ait pas voulu les confondre pour cela, puisqu'elle a pris soin de leur conserver à chacun en particulier des traits caractéristiques qui en fissent toujours reconnoître tous les individus, soit dans les sexes, soit dans les divers âges.

Nous avons vu que le grand oiseau de paradis émeraude avoit toutes les couvertures de ses ailes, les scapulaires et le dos, d'un brun de chataigne uniforme ; que la femelle conservoit cette couleur, et que les jeunes mâles l'avoient aussi sur les mêmes parties. Nous avons également observé que le petit oiseau de paradis mâle différoit spécifiquement du mâle de la grande espèce par la couleur jaune qui frange toutes les grandes couvertures de ses ailes, qui colore son manteau, et qui se répand jusque sur le poignet ; eh bien ! nous retrouvons ici la même analogie entre les deux sexes de la petite espèce ; car la femelle, dont il est question dans cet article, a aussi conservé la couleur jaune de paille du mâle sur le manteau, les scapulaires, le poignet, et les bordures des grandes couvertures des ailes : mais elle a de plus, comme lui, le sommet de la tête, tout le derriere du cou, jaunes, et le front ceint d'un bandeau vert qui, passant entre le bec et l'œil, couvre la gorge et le devant du cou, tandis que tout le dessous du corps, c'est-à-dire la poitrine, les flancs, le ventre, les couvertures du dessous de la queue, et les plumes des jambes, sont d'un blanc pur : elle n'a point de plumes subalaires, ni de filets à la queue ; les pennes des ailes et de la queue sont d'un brun de chataigne ; les pieds, d'un brun roux ; le bec est bleuâtre à sa base, et jaune vers la pointe.

6

Quoique j'aie donné cet individu (qui fait partie de ma collection) pour une femelle, j'avoue qu'il pourroit bien aussi se faire qu'il fût un jeune mâle dans le second âge, d'autant plus que j'ai en ma possession un autre individu un peu plus différent encore du mâle adulte, en ce que le dessus de sa tête, le derriere du cou, ainsi que le front et la gorge, sont brunâtres ; étant d'ailleurs en tout semblable à l'autre par ses caracteres, les franges jaunes des couvertures de ses ailes, et son dos jaune, il ne peut y avoir aucun doute qu'il n'appartienne à la même espece ; mais la nature cotonneuse de ses plumes annonce absolument dans cet individu l'état de l'enfance, et qu'il n'avoit pas encore quitté sa premiere robe.

Nous nous trouvons donc, à l'égard de la femelle de ce petit oiseau de paradis, dans une sorte d'incertitude de savoir si, adulte, elle a le front et la gorge verts comme le mâle, ou si elle les a seulement bruns comme dans le jeune âge.

Quant au jeune oiseau dont nous venons de faire mention, nous avons pensé qu'il étoit inutile d'en donner une figure, puisqu'il sera facile d'en saisir l'ensemble en comparant sa description aux deux figures de la même espece que nous avons publiées.

Je finirai cet article en observant que le jaune des plumes subalaires du petit oiseau de paradis émeraude, mâle, s'efface très promptement aussi dans nos collections, lorsqu'on n'a pas le soin de les préserver des atteintes d'un jour très vif.

L'Oiseau de Paradis rouge. Nº 6.
Barraband pinx.t
De l'Imprimerie de Langlois.
Pérée sculp.t

L'OISEAU DE PARADIS ROUGE.

(N° 6.)

Le rouge est en effet la couleur dominante des plumes subalaires de cette magnifique et rare espece; mais c'est un rouge brillant, sur lequel éclate une riche teinte de pourpre velouté, qui se fonce ou s'éclaircit suivant les divers aspects. Nous lui avons laissé le nom d'oiseau de paradis rouge (paradisea rubra) que lui a appliqué M. Lacépede dans la collection du Muséum d'histoire naturelle de Paris, où elle figure aujourd'hui. L'individu qu'on y voit faisoit autrefois partie du précieux cabinet du prince d'Orange, à qui on l'avoit adressé des Moluques, mais sans indication précise du lieu qu'il habite le plus particulièrement; et quoique depuis plus de quinze ans il eût été déposé dans ce cabinet, où je le vis à mon retour d'Afrique, aucun naturaliste, que je sache, n'en avoit encore parlé: Daudin est le seul qui, il n'y a pas long-temps, en ait donné une courte description dans son traité élémentaire et complet d'Ornithologie, sous le même nom d'oiseau de paradis rouge, que nous lui conservons.

Indépendamment des plumes subalaires rouges qui en ornent les flancs, cet oiseau a des attributs qui lui sont propres, et qui, malgré beaucoup de traits de ressemblance, le distinguent essentiellement des deux autres especes d'oiseaux de paradis dont nous avons déja parlé. Ces attributs caractéristiques d'une troisieme espece consistent d'abord dans la nature, la forme et la couleur des deux filets de la queue; puis en deux bouquets de plumes qui, s'élevant un peu de chaque côté de la tête, figurent deux especes de cornes à-peu-près semblables à celles que notre faisan commun, et le grebe cornu (ainsi nommé par allusion) portent, le premier sur le front, celui-ci sur le derriere de la tête.

L'oiseau de paradis rouge se rapproche des deux autres par la forme et la couleur du bec, par les couleurs et la nature des plumes du front et de la gorge, enfin par la couleur du derriere du cou, de la queue et du dessous du corps. Nous ne parlerons ni des ailes, ni des pieds, par la raison que le seul individu que nous ayons vu, ayant été préparé et mutilé par les sauvages, ces parties avoient été arrachées suivant l'usage: nous avons cru cependant devoir les ajouter dans la figure que nous avons publiée, et nous pensons même ne nous être pas trompés de beaucoup dans la représentation que nous en avons fait faire, puisqu'il est très probable que, d'après tous les rapports qui se trouvent entre cette espece et les deux autres, elles doivent encore se ressembler par la conformation des pieds : quant aux ailes, la couleur de la queue indique assez que la nuance doit aussi être la même ; d'ailleurs deux ou trois des dernieres pennes de l'une des ailes, qui étoient restées attachées à leurs places, et qui sont du même brun que la queue, prouveroient que les autres sont, à peu de chose près, de la même couleur. Du reste nous estimons que, dans son état parfait, l'oiseau de paradis rouge n'est qu'un peu moins fort que le petit oiseau de paradis émeraude, quoique, d'après l'individu que nous avons vu, il paroisse au moins de moitié moins gros : car il en a été de cet individu comme de tous ceux qui ont été desséchés par les insulaires, je veux dire que la peau en a été racornie et sensiblement rétrécie, et qu'on n'a pu le préparer de maniere à lui rendre sa grandeur naturelle. Les plumes du front et du dessus de la tête, celles de la face, de la gorge, et du devant du cou, sont du même vert émeraude que les plumes de ces parties dans les deux autres especes, mais plus longues sur la tête, et formant deux petits bouquets saillants au-dessus des yeux. Il est bon d'observer ici que les plumes de ces parties sont tellement pressées les unes sur les autres, qu'elles prennent par cette position l'apparence de ce velours naturel qu'on a prêté à tous les oiseaux de paradis généralement, mais qui, ainsi que nous l'avons dit ailleurs, n'a plus lieu lorsqu'elles sont écartées et replacées dans l'ordre qu'elles avoient naturellement. Il pourroit donc bien se faire aussi que ces deux petites touffes de plumes qui présentent deux cornes ne dussent leur redressement qu'au racornissement de la peau ; car il est facile de voir que le crâne n'est pas conservé, et que la tête rabougrie est beaucoup trop petite. Les plumes du derriere de la tête et du cou, le haut de la poitrine, le manteau, et toutes les couvertures des ailes, sont d'un jaune de paille ; celles du dos, le croupion, et les couvertures supérieures de la queue, sont d'un jaune bruni, tandis que le bas de la poitrine est d'un brun canelle foncé. Les plumes du dessous du corps, celles qui couvrent les jambes et les pennes de la queue, sont d'un brun plus clair que celui de la poitrine.

La queue, qui est composée de dix pennes à-peu-près égales entre elles, porte sur son milieu deux filets nuds, creusés en gouttiere, et qui, sortant du croupion où ils sont réunis sur une même tige, se séparent ensuite en passant, l'un d'un côté, l'autre de l'autre de la queue, et se prolongeant beaucoup au-delà des plus grandes subalaires ; car ils ont dix-neuf pouces de longueur. Ces filets sont d'une nature de corne, et d'un noir luisant : les plumes subalaires, très nombreuses, et de grandeur inégale, sont implantées sur les flancs, et se jettent toutes par derriere, en se courbant en dedans : les plus grandes ont un pied de long ; celles-ci sont de couleur rouge de pourpre jusqu'aux trois quarts de leur longueur, et terminées par un bout blanc dont toutes les barbes sont très espacées. (Voyez la fig. K de notre planche n° 3.) Les suivantes sont en entier d'un pourpre éclatant, ainsi que les plus petites, qui ont le luisant de la soie. (Voyez la fig. I de la planche ibid.)

Nous n'avons rien à ajouter à ces détails purement descriptifs, n'ayant aucun renseignement sur les mœurs et les habitudes de cette belle espece d'oiseau de paradis, dont au reste je n'ai vu que le seul individu qui vient de servir à cet article.

LE MANUCODE.

(N° 7.)

Si l'on vouloit n'avoir égard qu'aux caracteres que les méthodistes ont donnés en général à tous les oiseaux qu'ils ont nommés oiseaux de paradis, non seulement celui de cet article, mais aucun de ceux dont il nous reste à parler ne pourroit être considéré comme tel, attendu qu'ils different tous par des caracteres essentiels des trois premiers que nous avons décrits, et même tellement entre eux qu'on peut hardiment leur assiguer à chacun un genre particulier; car ils n'ont les uns avec les autres d'autre analogie que celle d'être tous également et extraordinairement parés, et pourvus de cette surabondance de plumes que la nature semble s'être plue à prodiguer en faveur de quelques especes dans plusieurs genres d'oiseaux. Il eût été plus naturel, ce me semble, que les naturalistes à arrangements systématiques eussent compris dans un ordre tous les oiseaux à plumes de parade, c'est-à-dire toutes les especes que la nature a pourvues de plumes surabondantes, et auxquelles elle a donné la faculté de les étaler pour s'en faire un ornement; il leur eût suffi d'admettre pour caracteres essentiels la surabondance des plumes, et la faculté de s'en parer en les étalant d'une maniere quelconque. Dans cet ordre seroit alors entré le paon, qui, de tous les oiseaux extraordinairement parés, est sans contredit le plus magnifique ; y seroient encore entrés, dans le genre des faisans, le tricolor de la Chine, qui étale sa fraise autour de sa tête; dans le genre des hérons, la grande et la petite aigrettes, qui forment, comme le paon avec ses plumes dorsales, une roue avec les longs filets de leur dos ; dans le genre des courlis, cette belle espece africaine dont tout le dos est couvert de très longues plumes effilées, d'un bleu bronzé, et qu'elle releve aussi ; dans le genre des canards, la sarcelle de la Chine, qui porte deux plumes en éventail sur le dos ; enfin, dans le genre même des plus petits oiseaux, l'oiseau-mouche, dit le huppe-col, dont les plumes longues et étroites des deux côtés de la tête représentent si bien la parure par où se distingue l'espece d'oiseau de paradis surnommée le sifilet, et qui elle-même n'est qu'un geai paré d'une maniere particuliere, comme l'oiseau de paradis dit le superbe n'est qu'un troupiale, l'oiseau de paradis noir qu'une pie, et l'oiseau de paradis orange

Le 5.e Manucode mâle n.º 7.

Barraband pinx.t   De l'Imprimerie de Rousset   Pérée sculp.t

qu'un loriot, et non un rollier, quoique Buffon l'ait nommé rollier de
paradis.

On auroit donc pu, comme je l'ai dit, réunir tous ces oiseaux sous
une seule série; et puisqu'il falloit un nom qui tînt à la superstition
pour expliquer l'histoire fabuleuse de certains de ces oiseaux, on n'eût
eu qu'à conserver le nom de *paradis*, avec l'attention de le faire précéder
de celui du genre de chacune des especes à placer dans la série. Le
hobara, qui se distingue des autres outardes par sa belle fraise, par
exemple, se seroit nommé outarde de paradis; le faisan tricolor, faisan
de paradis, etc. etc.; le superbe lui-même eût été nommé le troupiale
de paradis. Cette maniere de procéder eût été d'autant plus préférable
qu'on n'auroit pas vu alors figurer dans un même genre des oiseaux aussi
différents que le sont entre eux la plupart de ceux connus sous le nom
d'oiseaux de paradis; car chaque espece eût du moins alors porté le
nom du genre auquel elle appartient. Nous voyons même que beaucoup de
naturalistes ont eu une certaine propension à l'adopter cette maniere: Seba,
entre autres, a donné le nom d'oiseaux de paradis à une perruche à longue
queue, ainsi qu'au martin-pêcheur de Ternate; Linnée encore a donné
le nom de pic de paradis à un gobe-mouche huppé et à longue queue,
caracteres qui n'ont cependant rien de fort remarquable dans ces sortes
d'oiseaux, très éloignés, pour le luxe de parure, de ceux dont nous avons
parlé plus haut, et dont chacun, quoique d'un genre différent, se trouve
paré d'une maniere tout aussi extraordinaire que le sont les oiseaux
de paradis proprement dits, mais qui ne peuvent pas plus pour cela être
confondus dans un seul et même genre d'oiseaux, qu'il seroit possible de
les confondre avec tant d'autres qui ne leur cedent pas en magnificence,
c'est-à-dire avec les especes dans tant d'autres genres qu'il a plu à la
nature d'embellir d'une maniere plus ou moins extraordinaire; car elles
existent ces especes privilégiées non seulement chez les oiseaux dont nous
venons de nommer une partie, mais même parmi les quadrupedes: telle
est, par exemple, l'espece de la gazelle du cap de Bonne-Espérance,
nommée par les colons africains *pronke-boc* (bouc qui se pare), parcequ'en effet elle a la faculté de parer sa croupe en renversant sur les
côtés tous les poils roux qui la couvrent, pour ne laisser paroitre que
les poils blancs comme neige qui sont par-dessous; tout le train de derriere se trouvant alors d'une blancheur éblouissante, de roux qu'il étoit
dans son état naturel.

En décrivant la suite de tous les oiseaux connus sous la dénomination
vulgaire d'oiseaux de paradis, nous établirons donc avec la plus sévere
exactitude les caracteres propres à chacun d'eux en particulier; et nous
croirons ainsi avoir atteint le seul but que nous nous soyons proposé en
écrivant l'histoire des oiseaux, celui de faire connoître d'une maniere
précise les especes. Les méthodes offrent, à la vérité, une perspective

plus brillante, et font une réputation de sciences bien plus élevée; elles ouvrent aussi à la gloire un chemin plus facile, et menent enfin à la fortune, que ne dédaignent pas toujours certains savants. Plus modestes dans nos prétentions, nous n'envions pas une si haute destinée : nous ferions cependant aussi une méthode telle quelle ; mais, comme nous pensons que pour ne pas faire un assemblage monstrueux de parties incohérentes, il est avant tout utile, absolument nécessaire même de bien connoître les différentes parties qui doivent composer un tout, nous finirons peut-être par où tant d'autres ont commencé.

Nos descriptions et les figures que nous publierons des oiseaux *de paradis* seront d'autant plus préférables à toutes celles qu'on en a données jusqu'à ce jour, qu'elles ont été faites du moins sur des individus parfaits, et non mutilés par les sauvages ; car il en est des oiseaux de paradis dont il nous reste à parler comme de ceux que nous avons déja fait connoître, c'est-à-dire que nous les recevions autrefois tout préparés d'une même maniere, et desséchés au four : aussi les naturalistes n'ont-ils pas manqué de leur donner à tous pour caracteres génériques une très petite tête, et des yeux à peine visibles ; ce qui, comme on l'a vu et comme on le verra encore, est loin de la vérité; car on eût trouvé les mêmes caracteres à tous oiseaux quelconques préparés de cette maniere : nous en avons même déja dit les raisons quelque part.

Le manucode n'a donc de commun avec les grandes especes d'oiseaux de paradis dont nous avons déja parlé que les deux filets de la queue; encore en differe-t-il sous ce rapport en ce que les deux filets n'ont ici de barbes qu'à leurs pointes du côté intérieur de la tige seulement, et que chacun de ces bouts se contournant sur lui-même forme une papillote qui laisse un petit vuide dans son intérieur. Ces deux filets, dont un est représenté à part et déroulé, fig. A, planche 11, se trouvent implantés sur le milieu de la queue, et se croisent d'abord, celui de droite s'étendant à gauche, et celui de gauche à droite, en se courbant un peu l'un vers l'autre : ils sont absolument nuds, si l'on excepte leur petite boucle, et quelques barbes qui les garnissent à leur naissance; leur longueur est de six pouces. Un autre caractere très saillant dans cette petite espece, c'est qu'elle a de chaque côté de la poitrine, directement au-dessous du poignet de l'aile, un petit faisceau composé d'une vingtaine de plumes, dont sept plus apparentes sont aussi plus grandes et plus largement barbées : dans l'état de repos elles s'appliquent toutes les unes sur les autres, se serrent sur les flancs ; mais, dans l'action, l'oiseau a la faculté de les relever et de les déployer en éventail pour s'en parer, ce qui lui fait alors des especes de nageoires. Ces plumes different absolument des subalaires des premieres especes que nous avons déja fait connoître, car elles sont non seulement beaucoup plus courtes, mais d'une forme différente, et bien moins nombreuses : six à sept plus petites plumes effilées garnissent sur

le haut de la poitrine le pied de ces premieres plumes de parure, et
semblent faites pour en cacher les tiges ; on en remarque aussi de semblables au pied de la derniere. Nous avons même remarqué que toutes les
tiges de ces plumes d'ornement perçoient la peau de l'oiseau, et qu'elles se
montroient toutes à découvert en dedans ; ce qui ne laisse aucun doute
sur la faculté qu'il a de les redresser à volonté.

Le manucode a les narines tellement couvertes par les plumes de la
base du bec, qu'on ne les apperçoit pas du tout. La queue est très courte,
mais en revanche les ailes sont fort longues, et sur-tout très amples : les
pennes de celles-ci sont à-peu-près toutes de la même longueur, si l'on en
excepte les deux premieres qui se trouvent étagées et très cambrées en-
dessous, forme singuliere qui rend les ailes fort différentes de celles de
la plupart des oiseaux en général, en ce qu'au lieu d'être pointues,
elles se terminent ici à-peu-près carrément comme une queue. Les
tarses sont longs, grêles, lisses et sans écailles. Les doigts, à grands ongles
crochus, sont réunis à leur base ; mais cette adhérence est plus sensible
entre le doigt extérieur et celui du milieu qu'entre ce dernier et celui
d'en dedans. Le bec est long de sept lignes : la mandibule supérieure est
un peu arquée ; l'inférieure est droite, si ce n'est qu'elle se releve un peu
vers la pointe, ce qui donne de la force au bec fermé, et rend l'oiseau
capable de pincer fortement. Les narines, placées en long sur les côtés
du bec, sont plus que recouvertes par les plumes poileuses de cette
partie ; car celles-ci occupent plus de la moitié de la mandibule supérieure,
sur laquelle elles sont implantées perpendiculairement, et où elles forment une espece de panne ou de velours lâche à très longs poils. Sur la
base de la mandibule inférieure on remarque aussi de chaque côté un
petit espace angulaire, couvert de très petites plumes. La tête et les yeux
sont très bien en proportion. Quant à la taille de l'oiseau : six pouces
de long, y compris la queue, qui n'a que dix-sept à dix-huit lignes de
longueur, et qui est composée de dix pennes égales, plus les deux filets.
L'aile a quatre pouces et demi de longueur, et vingt-une pennes ; tarses,
treize à quatorze lignes ; doigt du milieu, l'ongle y compris, huit à neuf
lignes ; celui de derriere, dont l'ongle est le plus grand, même dimension
que celui du milieu : de sorte que le pied occupe dans son étendue un
espace beaucoup plus long que ne l'est le tarse. En masse le manucode
présente des rapports étonnants avec plusieurs étourneaux ; je ne serois
même point surpris d'apprendre qu'il en eût les mœurs, que dans son
pays natal il en remplît les fonctions, et que comme eux il suivît les
troupeaux d'animaux sauvages ou domestiques. Nous savons déja que
cette espece vit en troupe, ce que prouve irrésistiblement le nom de roi
des oiseaux de paradis que lui ont donné les naturels du pays qu'elle
habite, sans cependant qu'il y ait dans cette prétendue royauté autre
chose de réel pour le manucode que d'en illustrer l'origine ; car la même

chose a lieu à l'égard de tous les oiseaux qui vivent en troupe, c'est-à-dire qu'il arrive souvent qu'un de ces oiseaux s'étant écarté de sa bande par des causes quelconques, et ne la retrouvant plus, se réunit à celle d'une autre espece, et que, voyageant avec elle toute une saison, il y reste attaché, lors sur-tout qu'il se trouve transporté dans un pays ou dans un canton ordinairement inhabité par les siens. Ceci explique naturellement comment il se fait qu'il arrive quelquefois et tout-à-coup dans un pays des oiseaux qu'on n'y avoit jamais vus : c'est ainsi qu'il y a deux ans on vit arriver au jardin des Plantes, parmi d'autres oiseaux, une petite troupe de becs croisés qu'on sait ne point se trouver ordinairement dans ce pays-ci. Or ces sortes de nouveaux venus dans un pays avec une bande d'une espece qui n'est pas la leur ont, pour l'ordinaire, des habitudes, des mœurs, une maniere de se nourrir, le vol, et sur-tout les allures différentes de ceux de leurs compagnons ; ils ne peuvent donc participer à toutes les actions de ces derniers ; ils conservent même toujours au milieu d'eux un air étranger, et se tiennent toujours un peu à l'écart de la bande, ce qui les fait paroître en effet la commander et en diriger les actions : de là la dénomination vulgaire de roi de tels ou tels oiseaux, parmi lesquels se trouvent ces étrangers à l'espece à laquelle ils se sont réunis après avoir perdu leur propre bande. C'est encore ainsi que j'ai vu, l'année derniere, aux environs de Sezanne, dans la Brie, nommer roi des étourneaux une litorne qui se trouvoit seule dans une troupe de ces oiseaux, qu'elle avoit effectivement l'air de présider, ne pouvant les suivre dans leur vol, ni en imiter les évolutions tournoyantes. Aux environs du cap de Bonne-Espérance, la veuve-dominicaine (dont l'espece vit en troupe comme celle des bengalis ou des senegalis, qui y sont de passage, et qu'on y nomme indistinctement *roye - beckies*, *becs - rouges*) ne porte pas d'autre nom que celui de roi des becs - rouges (*koning de roye-beckies*) ; c'est qu'après avoir perdu sa bande, et s'être associée à quelque troupe de bengalis ou de senegalis, telle de ces petites veuves arrive aux environs du cap avec ces derniers, sur lesquels les irrégularités de son vol, causées par l'extrême longueur de sa queue, ses allures particulieres, les couleurs et les attributs propres de son espece, donnent cet air de supériorité dont nous avons parlé plus haut. Il est donc très probable que le manucode dont il est question dans cet article se trouve quelquefois et pour les mêmes raisons voyageant avec des bandes de l'espece de l'oiseau de paradis émeraude, dont on le fait roi ; mais que ses titres à cette qualité ne sont pas mieux fondés que ceux de la litorne, de la veuve-dominicaine, et de tant d'autres dont je ne ferai pas ici une inutile énumération. Ceci prouve au surplus que l'espece de l'oiseau de paradis émeraude vit en troupe aussi-bien que celle du manucode ; car ces sortes d'associations d'un oiseau à la bande d'une espece à laquelle il est étranger ne sauroient avoir lieu qu'entre especes vivant ainsi. Cela

prouveroit encore, ce me semble, que le manucode ne se trouve pas
communément dans les cantons de la Nouvelle-Guinée qu'habite le
paradis émeraude ; car, s'il se trouvoit dans ces contrées des bandes de
cette espece, il est certain que ceux de ses individus qui y arrivent avec
des bandes étrangeres s'y réuniroient bientôt aux leurs propres, et n'y
recevroient par conséquent pas le nom de rois d'autres especes.

La réunion en société de ces sortes d'oiseaux est donc ce que nous
avons de plus positif sur leurs habitudes : leur histoire est en général peu
connue, les voyageurs s'étant contentés de nous transmettre les fables
des peuples à leur égard, sans en rechercher les causes, qu'il ne seroit
cependant pas indifférent de connoître, car, toutes ridicules qu'elles
paroissent d'abord, ces fables tirent toujours leur origine de quelques faits
vrais, qu'il est souvent aisé de découvrir et même d'approfondir avec un
peu d'attention. J'ai quelquefois trouvé dans mes voyages chez divers
peuples des idées et des histoires sur les animaux, en apparence très
extraordinaires, mais que je finissois, en remontant à leur source, par
trouver fort naturelles. Que de choses ne trouverions-nous pas tout aussi
simples dans l'histoire même des peuples, si ceux qui nous les ont trans-
mises eussent pris la peine d'en chercher les raisons primitives ! Mais
il est si facile de se retrancher sur le merveilleux ! et d'ailleurs n'est-ce
pas mieux s'accommoder au goût barbare de la plupart de ses lecteurs?

Après avoir établi les caracteres spécifiques du manucode, nous allons
en décrire les couleurs : toutes les plumes de la partie supérieure de la
tête, celles du front, ainsi que celles qui revêtent presque les deux tiers
de la mandibule supérieure, sont fines, soyeuses, et d'un rouge jaunâtre
qui, tirant toujours un peu plus sur le rouge sur l'occiput, se change
enfin sur le derriere du cou, le manteau, les scapulaires, les couvertures supérieures des ailes, le croupion, et les dernieres pennes alaires,
en un pourpre vif des plus éclatants. Ces dernieres parties se glacent, à
certain jour, d'un luisant particulier qui les fait paroître vernies, et qu'a
parfaitement rendu le citoyen Baraban par le moyen d'un glacé d'argent
qu'il a employé dans le dessin magnifique et vrai qu'il a fait de cet oiseau.
Toutes les parties visibles des pennes des ailes ployées sont du même
pourpre, mais d'un ton moins prononcé et moins brillant que le dos ;
celles cachées ont leur dessus brunâtre ; et le dessous de l'aile est d'un
roux clair. Les couvertures supérieures de la queue, qui la cachent entièrement, sont d'un mordoré éteint : cette derniere, coupée carrément à
son extrémité, et composée de dix pennes, est d'un gris brunâtre avec
une bordure pourpre qui longe chacune de ses pennes en en suivant au
bord les barbes extérieures. Les deux filets qui partent du milieu de la
queue ont quelques barbes d'un roux clair à leur naissance, et sont
entièrement nuds jusqu'à la boucle dont j'ai parlé : ces deux filets sont
ici très déliés et brunâtres ; la boucle qu'ils forment à leur extrémité est

d'un verd brillant, et n'est point *ornée*, comme le dit Buffon, *de miroirs semblables en petit à ceux du paon.* Les plumes de la gorge, celles des côtés et du devant du cou sont d'un beau mordoré foncé, et comme velouté : les plus longues de ces plumes, qui bordent la poitrine, ont chacune à leur extrémité une bordure chamois, et directement au-dessous d'elles se dessine circulairement un plastron d'un verd sombre, qui ceint la poitrine d'une aile à l'autre. Ce plastron, qui dans son milieu a cinq à six lignes de largeur, se termine en pointe à chacune de ses extrémités. Les premières plumes d'ornement prennent naissance précisément à l'endroit de la poitrine qui répond au poignet de l'aile, lorsque celle-ci est appliquée au corps ; les autres, plantées immédiatement les unes sous les autres, sont rangées en arc de cercle, et suivent le contour même du plastron en s'en éloignant toujours davantage à mesure qu'elles descendent : ces mêmes plumes, qui se terminent aussi en arc de cercle, sont d'un gris de souris uniforme jusque vers leur extrémité, où les plus grandes d'entre elles prennent chacune une large bordure d'un verd émeraude des plus brillants, et séparé du gris du corps de ces plumes par une ligne chamois semblable à celle qui borde chacune des plumes de cette partie du cou qui touche au plastron verd : admirable effet de cette belle entente dans les oppositions, et qu'on trouve toujours dans les ouvrages de la nature, mais que l'art atteint bien rarement dans ses productions ! Les couvertures du dessous des ailes sont d'un blanc pur, ainsi que toutes les plumes du dessous du corps depuis le plastron verd jusqu'aux couvertures du dessous de la queue inclusivement. Le revers de la queue est gris. Le bec est jaune, et non blanc, comme le dit Buffon, dont la méprise, au reste, est ici très pardonnable, parcequ'en effet le bec de cette sorte d'oiseau blanchit totalement dans nos cabinets, comme y blanchissent ou y jaunissent en général tous les becs naturellement jaunes ou rouges. Les ongles sont jaunâtres, et les pieds couleur de plomb. Nous ne connoissons pas la couleur des yeux, que couronne un sourcil noir et fin comme du velours, touchant au coin de l'œil, et s'élevant à mesure qu'il avance sur le devant. Nous observerons enfin que le duvet intérieur des plumes pourpres du dos est chamois ; celui des plumes blanches gris ; et celui des plumes de la gorge et du devant du cou grisbrun.

Cette description, très détaillée sans doute, peut-être trop même pour certaines gens qui n'y attacheront pas un grand intérêt, ne se rapporte pas entièrement, je l'avoue, à toutes celles qui ont été données du même oiseau ; mais je ne garantis pas moins pour cela l'exactitude de la mienne, comme ayant été faite d'après un individu de ma collection parfaitement bien conservé, et vérifiée sur trois autres non moins beaux, bien dépouillés, et non mutilés par les sauvages : deux de ces derniers font partie du cabinet de M. Temminck, d'Amsterdam, à qui je dois celui que je possede ; le troisieme appartient à mon ami M. Raye de Breukelerwaert, aussi d'Amsterdam.

Il n'est presque pas de naturaliste qui n'ait parlé du manucode : les Latins l'ont nommé *manucodiata rex*, *rex avium paradisearum*, *avis regia;* les Anglais le nomment *king of birds of paradise ;* les Hollandais *koning van de paradys voogels ;* les Français *manucode* ou roi des oiseaux de paradis ; et enfin les Indiens *manucodiata*, qui signifie, dit-on, oiseau de Dieu.

VARIÉTÉ DU MANUCODE.

(N° 8.)

Nous ne connoissons dans l'espece du manucode qu'une seule variété, dont même nous n'avons vu qu'un seul individu (celui dont il est ici question), qui, par tous ses caracteres de jeunesse, nous a paru être un oiseau encore dans le premier âge; mais que toutes les formes des différentes parties du corps qui constituent l'espece, que cette physionomie que l'habitude rend familiere, et qui fait saisir au premier coup-d'œil les rapports qui se trouvent entre des oiseaux d'une même espece, quoique par fois différents les uns des autres par les couleurs, que tout, en un mot, nous autorise à prendre pour un manucode varié par l'âge, ou peut-être même par le sexe; car si cet individu est en effet un jeune oiseau, comme j'en suis très persuadé, il n'y a pas de doute que la femelle ne lui ressemble à beaucoup d'égards, puisque tous les jeunes oiseaux en général, même les mâles, dans cet état ressemblent, à peu de chose près, aux femelles adultes; ce que nous avons observé tant de fois et sur un si grand nombre d'especes, que cette ressemblance nous paroit être dans les lois générales de la nature, qui n'admet que peu ou même point d'exceptions; du moins n'en avons-nous encore trouvé aucune.

Le lecteur, au reste, saisira facilement lui-même tous les rapports qui se trouvent entre l'oiseau de cet article et celui du précédent, en en consultant les portraits, puisqu'ils lui présenteront même forme de bec, même coupe d'ailes et de queue, pieds semblables, base de bec garnie des mêmes plumes, même plastron, même touffe enfin de plumes de parure sur les côtés de la poitrine: mais il n'en sera pas tout-à-fait ainsi des couleurs. Dans notre variété le bec est brunâtre; les plumes de la base du bec, celles du front et du dessus de la tête, sont d'un jaune foiblement roussi: ce jaune est un peu plus foncé sur l'occiput, et se fonce toujours davantage sur le derriere du cou et tout le dessus du corps, mais pour se changer ensuite en un bruni jaune d'or qui, après s'être répandu également sur les scapulaires, les couvertures supérieures des ailes, les bordures extérieures de leurs pennes et de celles de la queue, se ternit un peu sur le croupion et les couvertures du dessus de celle-ci. Ce que nous avons ici de plus particulier encore, c'est qu'en regardant l'oiseau de la tête à la queue cette couleur d'or très luisante paroit pure, et qu'en le

Variété du Manucode. N.° 8.

regardant en sens contraire on y remarque des traits et des teintes de
couleur absolument semblable à celle des mêmes parties dans l'individu
parfait. Le dessous des ailes et celui de la queue sont d'un brun jaunâtre.
Les plumes de parure, ou ce bouquet de plumes formé sur les côtés de
la poitrine, sont entièrement grises, et portent toutes une légere bordure
roussâtre ; elles sont aussi plus étroites et moins longues que dans l'oiseau
parfait. Les plumes de la gorge et celles du devant du cou sont mor-
dorées, mais d'une nuance plus foible que dans le manucode parfait; et
toutes sans exception portent à leur extrémité une bordure fauve plus
marquée dans le bas que sur le haut. Les plumes du plastron, sur un
fond brun, portent une bordure d'un verd sombre. Tout le reste du
dessous du corps, et les couvertures du dessous de la queue, qui n'a pas
de filets, sont d'un blanc qui se salit un peu de gris sur les flancs et le
bas-ventre. Les couvertures du dessous des ailes sont d'un blanc gris, et
les pieds bruns ainsi que les ongles.

Cet individu fait partie de mon cabinet.

LE MANUCODE À BOUQUET,

OU

LE MAGNIFIQUE.

(N° 9.)

On trouve, au premier aspect, à cet oiseau quelques rapports directs avec l'espece précédente dans les caracteres primordiaux qui constituent les facultés ; mais il en differe par d'autres qui n'appartiennent qu'à lui : il a bien aussi les deux filets implantés sur le croupion au milieu de la queue, mais différents de ceux du manucode tant par leur nature que par leurs formes, et ne se dirigeant pas non plus de la même maniere que chez ce dernier. Ces deux filets, terminés en pointe, ont ici neuf pouces de longueur, et portent de courtes barbes coloriées du côté extérieur seulement : se croisant d'abord, celui de droite se dirige à gauche, et celui de gauche à droite ; puis ils se contournent extérieurement, et forment chacun un grand anneau dont l'extrémité vient presque retoucher la queue : celle-ci n'est composée que de dix pennes d'égale dimension ; elle est aussi fort courte, n'ayant que quinze lignes de longueur : les ailes ployées n'en atteignent qu'à-peu-près le milieu.

Les plumes de parure implantées sur la nuque, au lieu de l'être sur les flancs comme chez le manucode, sont en outre bien plus nombreuses ici que là, et y composent un faisceau ou bouquet : les plus grandes de ces plumes, formées en masse, et coupées carrément à leur extrémité, ont quinze lignes de longueur, et s'étendent jusque sur le dos. Voyez lettre *b*, planche 11, une de ces plumes que nous avons fait représenter.

On remarque encore et enfin une petite différence de forme entre le bec du magnifique et celui du manucode proprement dit ; c'est que la mandibule supérieure a chez le premier un très petit crochet de chaque côté, et que l'inférieure y est plus droite que chez l'autre. Dans les deux, les narines sont bien couvertes de plumes, mais elles n'en sont pas dépassées ici comme dans le manucode. Les pieds sont longs, grêles, sans écailles, et les doigts réunis à leurs bases absolument comme ceux de ce

Le Magnifique. N.º 9.

dernier : les ongles sont aussi fort crochus, et donnent sans doute à l'oiseau la faculté de se cramponner.

Quant aux mœurs et aux habitudes de ces deux oiseaux, nous estimons qu'ils doivent les avoir communes. On sent en effet que des plumes de parure diversement placées, des filets plus ou moins longs, une base de bec plus ou moins garnie de plumes, un petit crochet de plus ou de moins à une mandibule, ne peuvent avoir aucune influence sur le caractere moral d'un oiseau quel qu'il soit, ni lui faire supposer une maniere d'être dans ses habitudes différente de celle d'un autre, s'il regne d'ailleurs dans leur ensemble un accord tel que celui que nous trouvons dans nos deux especes, et qui nous a déterminé à les décrire l'une à côté de l'autre.

La tête, la face et la gorge du manucode à bouquet sont d'un brun mordoré, un peu plus foncé et plus luisant sur les parties supérieures. Les plumes d'ornement, qui prennent naissance à la nuque, sont très étagées, et rangées par rang de taille ; les plus petites se trouvent placées le plus près de la tête, et y forment un petit faisceau hérissé : ces mêmes plumes, d'un brun clair, et portant chacune une petite tache noirâtre à sa pointe, servent de recouvrements aux tiges de toutes celles qui leur succedent, et dont celles qui occupent le centre sont d'un jaune de paille qui, s'éclaircissant toujours davantage sur les côtés, et sur la partie qui touche au dos, y prend le blanc luisant de la soie écrue. On remarque aussi sur les bords latéraux du bouquet plusieurs longues plumes brunâtres qui lui forment une bordure le long des côtés du cou, sur lequel il s'applique dans l'état de repos. Les plumes du dos sont longues et de la forme de celles du bouquet : leur couleur est marron glacé et velouté ; leur longueur annonce qu'elles sont destinées à tenir redressées celles de parure lorsque l'oiseau les releve, comme la vraie queue du paon sert de soutien à ses plumes dorsales lorsque celui-ci les déploie pour les former en roue. Le croupion, les recouvrements du dessus et du dessous de la queue, la queue elle-même, et toute la partie abdominale, sont d'un brun terne, sur lequel on remarque à certain jour un ton de verd sombre. Les scapulaires et les petites couvertures supérieures des ailes sont de même marron glacé que le dos : les plus grandes de ces couvertures sont d'un jaune roussâtre ; et tout ce qui reste visible des ailes, lorsqu'elles sont ployées, est d'un jaune chamois ; mais chacune de leurs pennes est terminée par une bordure d'un brun très foncé, ou même presque noir. Sur le milieu du cou, par-devant, depuis la gorge jusque sur la poitrine, on remarque une bande étroite, formée de plumes à bordures transversales, d'un verd brillant, et se changeant en verd sombre ou en bleu suivant les incidences de la lumiere. Tout le reste du plumage est, sous le corps, d'un verd sombre qui prend à certain jour un peu d'éclat. Les plumes des flancs, près des jambes, ont une bordure semblable à celle du milieu du cou, mais qui disparoît totalement sous certain point de vue. Les pieds et les ongles sont d'un brun jaunâtre, et les barbes des filets de la queue d'un verd changeant. Le bec est jaune à sa pointe, et brunâtre vers sa base.

Cette espece se trouve à la Nouvelle-Guinée, où il paroît que les sauvages se servent de ses dépouilles comme ornement : on trouve dans nos cabinets beaucoup de ces individus, mais la plupart sans pieds et sans ailes ; je n'en connois que deux beaux, d'après lesquels j'ai fait cette description, et dont l'un fait partie des collections de M. Temminck, à Amsterdam ; l'autre appartient à M. Raye de Breukelerwaert, aussi d'Amsterdam.

Buffon l'a bien décrite de maniere à la faire reconnoître, cette espece ; mais il se trompe lorsqu'il ne porte qu'à vingt le nombre de ses plumes d'ornement, car j'en ai compté jusqu'à quatre-vingt-dix-sept. Cette erreur de Buffon vient de ce que l'individu qu'il avoit vu n'étoit pas entier, et qu'il lui manquoit beaucoup de ces plumes ; défaut qui, laissant probablement un vide entre elles, a fait aussi dire à ce naturaliste que l'oiseau avoit deux bouquets. C'est encore par suite d'une mauvaise préparation, ou de quelque dégradation, qu'il a vu les plumes de la tête du magnifique courtes, droites, serrées, et formant un velours naturel.

Cet oiseau est un peu plus grand que le manucode : on peut au reste consulter nos planches où ils se trouvent l'un et l'autre représentés de grandeur naturelle.

Variété du Magnifique. N.º 10.

Barraband pinx.   De l'Imprimerie de Langlois.

LE MANUCODE À BOUQUET,

OU

LE MAGNIFIQUE,

DANS SON MOYEN AGE.

(Nº 10.)

Nous avons vu dans différents cabinets plusieurs variétés du manucode à bouquet ; mais nous n'en avons fait figurer qu'une des plus intéressantes, c'est-à-dire l'oiseau dans son second âge, couvert de plumes qui participent et de celles de l'enfance et de celles de l'état parfait. Les plumes qu'il conserve du premier âge, et qu'on reconnoît, au premier coup-d'œil, à leur contexture moelleuse, pour tenir du duvet qui couvre généralement tous les jeunes oiseaux, annoncent que les couleurs de l'enfance chez le magnifique sont, sur les parties hautes, d'un brun clair, nué d'un brun plus foncé ; car on en voit encore les traces, dans l'individu dont il est ici question, sur la tête, les scapulaires, le dos, et les grandes plumes effilées et soyeuses du dessous de celles qui parent la nuque. Aux pointes près de leurs pennes, qui sont d'un brun noir, les ailes sont entièrement d'un brun roux. La queue est d'un brun de terre. On apperçoit sur les flancs plusieurs plumes rayées de noir sur un fond blanc ; ce qui prouveroit que, dans le premier âge, tout le dessous du corps doit être ainsi rayé de noir.

Mais cet individu, jeune mâle, pris au moment où il commençoit à revêtir la livrée de l'état parfait, avoit même déja refait à cette époque toutes les plumes des parties autres que celles dont nous avons parlé plus haut, puisque, comme on peut le voir sur la figure que nous publions, toutes ces plumes sont semblables pour les couleurs à celles des mêmes parties de l'oiseau adulte de notre planche 9, excepté cependant qu'ici les plumes de la nuque ont à leur extrémité une petite bordure brune ; nouveau caractère certain de jeunesse. Les deux filets de la queue y manquent aussi, parcequ'ils ne poussent qu'à la première mue des pennes de cette dernière, et que ces pennes n'étoient point encore tombées dans notre variété, puisqu'elles s'y trouvent au nombre de douze au lieu de dix, comme cela arrive toujours dans le cas contraire, les deux filets occupant la place des deux intermédiaires.

D'après toutes les lois de la nature, il ne peut donc y avoir aucun doute que la femelle du magnifique n'ait tout le dessous du corps rayé de noir sur un fond blanc grisâtre, tout le dessus du corps d'un brun uniforme, et les ailes roussâtres : on doit aussi regarder comme certain qu'elle n'a ni les plumes de parure, ni les deux filets de la queue du mâle. Il est bien vrai que nous n'avons jamais vu de femelle de cette espèce ; mais nous avons toutes sortes de raisons de croire que les observations des voyageurs qui visiteront le pays qu'elle habite viendront un jour confirmer tout ce que nous avançons ici.

L'individu que nous avons figuré fait partie du cabinet de M. Boers, à Haserswoude, près Leyde : nous en avons vu un autre à-peu-près semblable chez M. Raye de Breukclerwaert, aussi à Amsterdam, mais qui étoit un peu plus avancé dans sa mue, car les deux filets avoient déja remplacé chez lui les deux pennes intermédiaires de la queue, quoique n'ayant encore que trois ou quatre pouces de longueur. On en voit enfin un troisieme, plus avancé encore en âge que ce dernier, au muséum d'histoire naturelle à Paris : cet individu n'a conservé de sa première livrée que huit ou dix plumes, qu'on remarque sur l'un de ses flancs, et qui toutes sont rayées de noir sur un fond gris-blanc.

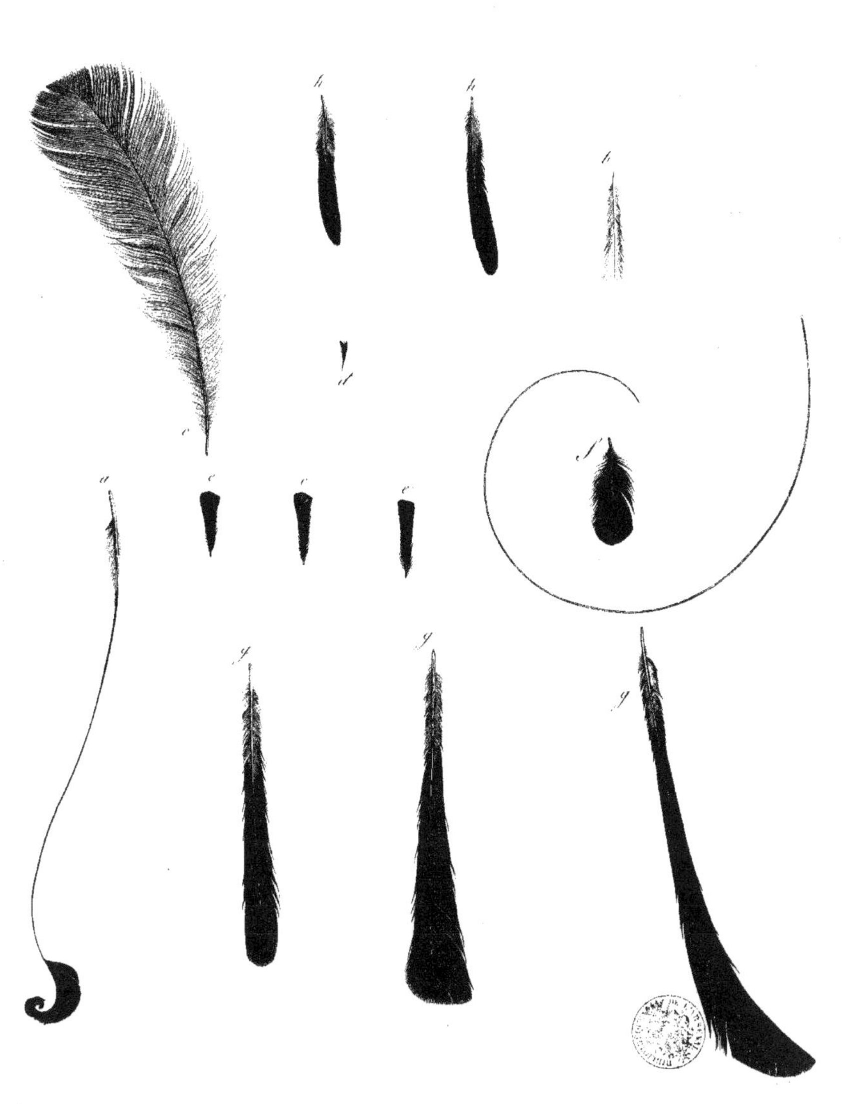

Filet de la queue du Manucode.

Plume de parement du Magnifique.

Plume Subalaire du Sifilet.

Plume, agrandie, du front du Sifilet.

Plume de la huppe du Sifilet.

N.º 11.

f. Plume du cou du Sifilet.

g. Plume de parement du dos du Superbe.

h. Plume de parement de la poitrine du Superbe.

g. L'un des filets du croupion du Nébuleux.

Vaillant pinx.   De l'Imprimerie de Rémond.   Pérée sculpt.

Le Sifilet. N.º 12.

LE SIFILET.

(N° 12 et 13.)

PARMI les nombreuses especes d'oiseaux que la nature semble avoir pris plaisir à parer d'une maniere plus particuliere, celui-ci se distingue éminemment par le luxe de son plumage velouté, sur lequel on voit briller et se jouer tour-à-tour, suivant les incidences de la lumiere, les couleurs et le chatoiement radieux de toutes les pierres précieuses ou des métaux polis, et dont les différentes nuances tranchent avec d'autant plus d'éclat, qu'elles ressortent toutes sur la teinte sombre qui les environne de toutes parts : ce plumage enfin présente sur la poitrine de l'oiseau l'image fidele d'un feu étincelant, qui, du sein des ténebres, fait jaillir ses rayons diversement colorés.

Le bel oiseau que nous allons décrire, méconnu par tous les naturalistes qui en ont parlé jusqu'ici, n'appartient pas plus au genre de l'oiseau de paradis émeraude qu'à celui du manucode ou du magnifique; mais cela n'a pas empêché les méthodistes de le placer sans aucune restriction dans l'un ou dans l'autre de ces genres : c'est que les individus qu'ils avoient vus du sifilet avoient subi les mêmes mutilations que ceux qu'ils avoient vus de ces autres oiseaux, et qu'ils présentoient comme eux en apparence des caracteres qu'on leur a mal-à-propos attribués à tous indistinctement. Aussi les figures qu'on a publiées du sifilet portent-elles toutes l'empreinte de cet état de dégradation où se trouvoient les individus qu'elles représentent. Quant à moi, je ne vois dans cet oiseau qu'un geai paré d'une maniere extraordinaire par les mains libérales de la nature; il est du moins certain que l'ensemble de ses formes offre par-tout les traits caractéristiques de ce genre d'oiseaux, dont les especes different autant les unes des autres que celle dont il est ici question differe d'elles, si l'on vouloit s'en tenir à ces traits arbitraires désignés par nos classificateurs, et qui s'appliquent indistinctement à toutes les especes du même genre; comme si la nature avoit réellement procédé, le compas à la main, à la formation de tous les êtres qu'elle a destinés à remplir les mêmes fonctions; seule connoissance qu'il faille avoir, je le dis encore, pour déterminer ce qu'ils sont dans l'ordre qu'elle a établi. Au reste, que l'on consente ou non à faire du sifilet un geai, et même, si l'on veut, un geai de paradis; qu'on s'obstine à vouloir qu'il soit un oiseau de paradis du genre de tous ceux ainsi nommés, ou toute

autre chose enfin, il n'en sera pas moins un oiseau qui porte de chaque côté
de la tête trois filets, d'où Buffon a tiré le nom de sifilet qu'il lui donne ;
nom qui le caractérise parfaitement, et que nous lui conservons par cette
raison, en le réintégrant toutefois parmi les oiseaux dont il approche le plus,
et parmi lesquels le placeroit sans doute aussi l'histoire de ses mœurs et de
sa manière de vivre, si elles étoient mieux connues. Nous allons, en attendant, faire connoître cette intéressante espece d'une manière plus vraie
qu'on ne l'a fait encore, telle, en un mot, qu'elle est dans l'état de nature ;
état bien différent de celui qu'on lui a prêté dans les mauvaises descriptions
qu'on en a faites.

Ce qui d'abord frappe le plus en considérant cet oiseau, ce sont ses six
filets nus, de la grosseur d'un crin, et terminés chacun par une large
palette de barbes épanouies et de la nature de celles de ses autres plumes
veloutées : ces filets, distribués en nombre égal de chaque côté de la tête
précisément derriere les yeux, s'étendent à six pouces au-delà, et font un
effet des plus singuliers, en ce qu'à une certaine distance ils échappent à la
vue, et qu'on prendroit alors leurs six palettes pour autant de grosses
mouches volantes autour de l'oiseau ; ces filets ont leur pied garni d'un
grand nombre d'autres petits filets, longs de huit à dix lignes, et qui tous
divergent par-derriere en débordant la tête : ceux-ci tiennent lieu de ces
plumes transparentes qui garnissent les oreilles de tous les autres oiseaux,
et que la nature a eu soin de ne garnir que de barbes lisses et séparées afin
de ne point intercepter le son. Il n'est même pas douteux que cet oiseau
n'entende beaucoup mieux que la plupart des autres ; car tous ces filets,
grands ou petits, aboutissant chez lui aux trous auditifs, les palettes distribuées au loin doivent d'abord arrêter les sons, ceux-ci se glisser le long
de leurs tiges, et arriver aux nombreux petits filets, qui tous touchent à
l'oreille comme autant de conducteurs plus rapprochés du centre de l'ouie.
Un attribut fort remarquable encore, c'est que les flancs de notre oiseau
sont revêtus d'un nombre considérable de longues plumes transparentes,
largement barbées, et qui, s'étendant jusqu'à moitié de la queue, en
cachent tout le corps et une grande partie des pieds. Nous avons figuré une
de ces plumes subalaires, lettre C de notre planche n° 11 : leur nombre est
au moins de deux cents sur chaque côté ; ce qui fait paroître l'oiseau beaucoup plus gros qu'il n'est en effet, car il n'est réellement pas plus fort de
corps ni plus charnu que notre tourterelle commune de France. La queue,
qui a quatre pouces et demi de longueur, est étagée ; mais comme cet
étagement n'est pas très fort, elle prend, déployée, une forme arrondie :
elle est composée de douze plumes, qui à l'œil, et même au toucher,
semblent en-dessus être de velours, tandis qu'en-dessous elles sont lisses et
glacées. En examinant avec la loupe la contexture de ces plumes-velours,
nous avons trouvé que dans le fait elles étoient composées de fort petites
barbilles très serrées, et perpendiculairement implantées sur les grandes

Le Sifilet dans l'état de repos. n.° 13.

barbes : il seroit donc vrai que les inventeurs de nos étoffes de velours n'auroient encore fait ici qu'imiter la nature. Eh! que sont-elles autre chose toutes nos belles inventions que de foibles copies, dont nous trouvons chaque jour les originaux sortis des mains du grand maitre qui a tout inventé?

Ainsi que le geai et le rollier (oiseaux qui, quoi qu'en pensent les ornithologistes, appartiennent à un même genre), le sifilet a la tête grosse et largement emplumée : les plumes des côtés du front, dont une partie avance sur les narines, qu'elles cachent, tandis que les autres se dirigent en haut, sont noires jusqu'aux yeux, sur les côtés ainsi que sur le bord du front; en dessus elles sont d'un blanc absolument semblable à celui de l'argent mat, et y présentent une plaque triangulaire, dont la pointe aboutit au-dessus des narines, et la large base aux yeux : les plumes qui forment cette plaque sont très effilées, en grand nombre, noires à leur racine, et n'ont de blanc que sur la partie supérieure et visible de leur extrémité (voy. la lettre D, pl. 11, où nous avons figuré une de ces plumes vue à la loupe). Le reste du dessus de la tête est couvert de plumes d'un noir velouté et à reflet pourpre : à celles-ci en succedent de plus longues, roides, plates, formées en massue, et qui, se dirigeant sur le derriere et débordant l'occiput, imitent parfaitement ces toupets hérissés dits à la grecque, que portoient jadis nos élégants Midas. Les plus apparentes de ces dernieres plumes sont noires à leur racine, et terminées par une bande d'un verd glacé des plus brillants; d'autres ont le luisant de l'acier poli (voy. la lettre E, pl. 11). Ce sont ces plumes-là qui, redressées, présentent une huppe particuliere terminée par un diadème éclatant, et non celles argentées du front, ainsi que Buffon l'a avancé d'après un individu mutilé, que Sonnerat avoit apporté, et qu'on peut encore voir au cabinet d'histoire naturelle à Paris, modele imparfait des figures grotesques et des descriptions tronquées qu'ont publiées du sifilet les deux auteurs que je viens de citer, et que tant d'autres ont froidement copiées sans examen et sans connoissances. Indépendamment de ce riche diadême, on voit sur le bas du cou de ce magnifique oiseau, et non sur sa gorge, un large plastron briller des plus belles couleurs; tantôt c'est l'or pur prenant des tons verd, ou bleu, suivant que le jour frappe plus ou moins directement; dans telle ou telle autre position c'est le bleu de l'acier poli, le verd de l'émeraude, le jaune de la topaze du Brésil, ou le violet de l'améthyste : chaque point de vue enfin amene un autre ton, une autre couleur; et même on les y voit par fois briller toutes ensemble. Les plumes de cette partie sont arrondies en écailles et parfaitement imbriquées les unes sur les autres : elles sont noires à leur racine, et ce noir s'avançant en pointe vers le bout richement coloré de chacune d'elles, on l'apperçoit pour peu que ces plumes s'écartent; ces taches noires donnent alors un jeu nouveau au plastron en même temps qu'elles en rehaussent l'éclat. Nous avons figuré une des plus grandes plumes du bas de ce plastron, lettre F, pl. 11 ; les autres ne sont que plus petites que celles-là, et le deviennent toujours davantage à mesure qu'elles s'approchent de la gorge. Les plumes de cette dernière ainsi que généralement toutes celles du corps sont d'un noir changeant en pourpre : quant aux subalaires, elles sont, vues en masse, d'un noir mat, et séparées, d'un noir brun ; les ailes, qui s'étendent jusqu'au milieu de la queue, sont aussi noires et veloutées comme elle dans toutes les parties qu'on apperçoit des pennes, lorsqu'elles sont ployées et serrées au corps ; leur dessous et leurs barbes intérieures sont lisses et d'un noir luisant, légèrement pourpré ; le bec, dont l'arête est tranchante, les pieds et les ongles sont noirs.

Lorsque cet oiseau déploie tous ses attributs, c'est-à-dire lorsqu'excité par l'amour il étale, comme tous ceux que la nature a ainsi favorisés, toutes les richesses de sa parure, alors, dis-je, cet oiseau doit se présenter sous un aspect véritablement imposant ; attitude que nous avons bien essayé de rendre dans notre planche 12, mais d'une manière qui, quoiqu'en approchant le plus possible, est sans doute encore bien éloignée de rendre ce jeu que donnent à l'être vivant le desir qui le presse et la présence de l'objet qui doit le satisfaire. Notre n° 13 représente le même oiseau dans cet état de tranquillité où, content du succès de ses préludes amoureux, il touche au moment de jouir de son triomphe, moment délicieux où toute parure devient inutile et même gênante.

Après cette description fidele et vraie que nous venons de faire, et l'exactitude des figures que nous donnons du sifilet, il seroit, je pense, inutile d'entrer dans de grands détails sur toutes celles qu'on a publiées du même oiseau, et de rappeler ici tout ce qui a donné lieu aux différentes erreurs qu'on a commises à son sujet : nous nous bornerons donc à dire que pour connoître les choses et en parler sainement, il faut les avoir étudiées, et qu'il paroit, qu'il est même certain que la plupart de nos ornithologistes n'en ont rien fait jusqu'à ce jour.

J'ai vu plusieurs sifilets dans différents cabinets, mais je n'en connois que trois de parfaits, dont l'un fait partie du cabinet de M. Holthuysen à Amsterdam ; M. Gevers Arntz, de Rotterdam, possede l'autre ; et le troisieme, tout le monde peut le voir chez moi (1). Plusieurs naturalistes assurent que l'espece s'en trouve à la nouvelle Guinée ; ce que nous

(1) Cet oiseau est resté long-temps déposé avec beaucoup d'autres chez mon libraire, afin que le public pût, en le comparant aux dessins et aux gravures qui en ont été faits, s'assurer que je ne m'amusois point à embellir les oiseaux que je publiois, ainsi que certaines gens, intéressés sans doute à décrier cet ouvrage, cherchent sourdement à le persuader aux crédules. Si l'intention perfide ne se montroit ici, je serois en vérité tenté de m'enorgueillir d'un tel reproche : embellir la nature ! ce seroit là sans doute un beau titre à la reconnoissance publique. O Barraband ! toi dont le pinceau fidele sert si puissamment mon zele, toi que j'ai vu si souvent hésiter, craindre de ne pas rendre les beautés que j'exposois à tes regards, aurois-tu pensé que, dans le dessein de me nuire, on trouveroit que tes couleurs, savamment distribuées, surpasseroient celles de la nature ? Mais consolons-nous ; elle sera toujours là la nature pour donner un démenti à nos vils détracteurs.

ignorons. Il paroît au moins qu'elle y est moins nombreuse que celle de
l'oiseau de paradis-émeraude, puisqu'on ne reçoit pas en Europe à beaucoup près autant de ses individus que de ceux de cette dernière : ils nous
parviennent au reste la plupart préparés d'une même maniere, c'est-à-
dire desséchés sur un bâton et sans pattes, sans ailes, ni os dans la tête ;
or c'est d'après ces mannequins que le sifilet avoit été décrit et figuré jusqu'ici : on ne doit donc pas s'étonner de nous trouver si peu d'accord avec
nos prédécesseurs.

LE SUPERBE.

(N° 14 et 15.)

Le superbe est encore un de ces oiseaux que la nature a parés d'une manière extraordinaire par une surabondance de plumes magnifiques, mais si singulièrement distribuées chez lui, qu'elles doivent naturellement le gêner dans ses divers mouvements ; aussi remarque-t-on que tout cet attirail, loin de lui donner l'agréable prestance et l'air de dignité qu'on trouve au sifilet, ainsi qu'à beaucoup d'autres oiseaux chez qui ce luxe de plumes ajoute encore à la beauté des formes, dérobe ici à l'œil les parties les plus susceptibles par leur mouvement de donner de la grace au corps, qu'il fait même paroître engoncé et lourd. La roideur, par exemple, de celles de ces plumes qui se trouvent accumulées sur le cou de l'oiseau fait qu'elles semblent être pour lui un fardeau ; car, ne fléchissant point, elles ne se prêtent en aucune manière aux tournoiements agréables de cette partie, qu'elles cachent entièrement ainsi que tout le dos. Si nous ajoutons que le devant du cou est aussi garni de plumes droites et roides, formant comme une cuirasse, et qui, descendant presque sur les jambes, ne participent point aux effets des mouvements du corps, on sentira facilement que ce que nous avons dit de l'air engoncé ou même lourd de cet oiseau est vrai, et que dans son état ordinaire, dans l'état de repos, il doit plutôt paroître armé en guerre que paré pour les amours : tel du moins il m'a paru, et tel il paroîtra sans doute à tous ceux qui le verront dans ce même état de repos. Mais lorsqu'il se pare, et qu'il relève ces plumes-velours qui cachent toutes les parties supérieures de son corps ; lorsque sa brillante tête, ornée sur le front de deux aigrettes mobiles, vient à se dessiner sur ce fond de velours noir si favorable aux teintes vives et resplendissantes de l'espece de cuirasse fourchue du devant de la poitrine, c'est alors, dis-je, qu'il devient sans doute admirable, et qu'on peut à juste titre lui appliquer le surnom de superbe, que lui a donné Buffon par pressentiment de tout ce qu'il devoit être, vu dans toute sa magnificence ; état que ne lui présentoit guère l'individu mutilé qu'il avoit sous les yeux lorsqu'il fit sa description, premier individu de l'espece que nous ayons eu en France, et que nous devons aux recherches intéressantes de Sonnerat, qui l'apporta de la nouvelle Guinée, et qui en a donné la premiere description ainsi que la figure dans l'histoire de son voyage dans cette partie du globe. Cet individu, que j'ai vu, est

Le Superbe étalant ses parures. N.º 15.

Barraband pinx.   de l'Imprimerie de Rousset   Pérée sculp.

aujourd'hui entièrement dégradé par les fumigations de souffre qu'on employoit autrefois pour préserver les oiseaux de la voracité des insectes rongeurs : j'en ai vu un autre dans le cabinet du prince d'Orange à la Haye, et qui fait actuellement partie du cabinet d'histoire naturelle à Paris; celui-ci est assez beau de plumage, quoique mutilé aussi. J'en ai vu un troisieme enfin chez M. Holthuysen, à Amsterdam, mais entier, parfaitement conservé, et dans l'attitude de celui de notre planche n° 14 : c'est d'après ce dernier que je fais cette description.

Nous ne parlerons pas des dimensions du superbe, attendu que nos figures représentent cet oiseau dans toutes ses dimensions : quant à sa forme, ce que nous appelons physionomie, je lui trouve un grand air de famille avec certains tronpiales qui, comme lui, ont un petit crochet de chaque côté de la mandibule supérieure ; comme chez ceux-ci encore l'arête supérieure du bec s'avance chez lui sur le front, et partage le toupet en deux pointes qui s'étendent sur les narines ; caractere qu'il a aussi de commun avec les deux oiseaux de paradis-émeraude et le rouge, mais de différent avec le manucode, le magnifique, et le sifilet. Les tarses sont forts, et les doigts armés d'ongles crochus bien acérés : la queue est étagée, mais de maniere que déployée elle n'est arrondie qu'au bout ; elle est composée de douze pennes, dont les latérales ont chacune à leur extrémité une petite pointe correspondante à la tige, tandis que celles du milieu sont arrondies ; ce que le citoyen Barraband a parfaitement saisi dans les deux beaux dessins qu'il a faits de cette espece. Le front est orné de deux petites aigrettes de plumes étroites, arquées en dehors, et qui prennent naissance au-dessus des narines. Mais ce qui distingue le plus ce singulier oiseau, c'est cet assemblage de plumes taillées de différentes manieres, qui lui font comme un manteau de velours attaché sur la nuque, et qui, rabattu, se porte jusque sur le milieu de la queue : ces mêmes plumes sont implantées par rangs de taille depuis la nuque jusqu'au bas du cou ; les plus petites du côté de la tête, et les autres grandissant successivement jusqu'à cinq pouces, à mesure qu'elles descendent plus bas. Celles qui se trouvent placées sur les côtés sont taillées en lame de sabre et cambrées en dehors (voy. la figure G, à droite de notre planche 11). Celles plus courtes qu'elles, qui précedent ces dernieres, sont droites et coupées à-peu-près carrément. (voy. lettre G du milieu, même planche). Enfin celles encore plus courtes du centre ont le bout arrondi. (voy. figure G, à gauche de la planche). Les longues plumes du manteau, qui sont réellement du genre des pennes, présentent absolument l'apparence d'une queue fourchue qui se trouveroit placée sur le dos de l'oiseau, telle en un mot qu'est en effet la queue des drongos (1). Il ne peut pas y avoir de doute que l'oiseau n'ait

____

(1) Oiseau de la famille des gobe-mouches, et dont nous donnons l'histoire complete dans notre ornithologie d'Afrique.

la faculté de relever ces plumes et de les étaler en forme de roue ; ce qui
le prouve évidemment c'est que toutes les parties du dos, que cachent les
plus longues plumes du manteau lorsqu'il est rabattu, sont entièrement
couvertes par les plumes ordinaires, qui les revêtent toujours, et de maniere que le manteau, lorsqu'il est relevé, ne laisse appercevoir aucune
partie nue. Nous avons aussi remarqué, dans l'individu bien conservé que
je fais servir à cette description, que toutes les plumes du manteau perçoient
la peau, et qu'elles étoient reçues sur un muscle extenseur ; ce qui, si ce
que nous avons déja dit ne suffisoit pas, seroit une preuve des plus
convaincantes pour ceux-là mêmes qui, n'ayant pas vu vivante l'espece dont
il est ici question, auroient observé tout autre oiseau pourvu de plumes
d'ornement, de cette faculté de s'en parer en les étalant d'une maniere
quelconque. Un autre caractere assez particulier encore dans cet oiseau,
c'est cette sorte de cuirasse formée de plumes implantées au bas du cou sur
un espace de cinq à six lignes.

Les plumes de cette cuirasse sont dures, et cachent tout le sternum, qui
n'en est pas moins pour cela couvert des plumes ordinaires de l'oiseau :
ainsi cette partie qui forme ce que nous appelons la cuirasse, est aussi
susceptible d'être déployée ou relevée ; car nous avons vu que ces plumes
perçoient aussi la peau, dans l'intérieur de laquelle on apperçoit tous leurs
tuyaux (voy. les deux lettres II de la même planche 11). Enfin les ailes
ployées s'étendent jusqu'au milieu de la queue ; et de la base de la mandibule inférieure partent des plumes semblables à des poils, qui se dirigent
sur le devant.

Après avoir fait connoître d'une maniere aussi détaillée que nous venons
de le faire les caracteres distinctifs du superbe, il ne nous reste que peu de
chose à dire de ses couleurs, ce dont nous pourrions même nous dispenser,
nos planches en donnant certainement une idée bien plus parfaite qu'on
ne pourroit le faire avec des mots, toujours insuffisants pour désigner
au juste le jeu de ces riches teintes, variant à l'infini, et échappant, pour
ainsi dire, à l'œil qui cherche à les saisir, pour les peindre dans la pensée,
et les faire passer de celle-ci dans le discours.

Le dessus de la tête est d'un verd brillant, qui varie de teinte suivant qu'on
expose l'oiseau plus ou moins directement aux rayons de la lumiere : les
plumes du devant du cou, depuis le bec jusqu'à la naissance de la cuirasse,
sont d'un noir violâtre ; celles des côtés de la tête sont, ainsi que les
aigrettes, d'un noir velouté, à reflet pourpre ou verd, suivant les incidences
de la lumiere. Tout le dessus du corps, les parties cachées par le manteau
et la cuirasse, le croupion, les couvertures du dessus et du dessous de la
queue, les jambes, sont d'un noir pourpre : la partie-velours du manteau
est aussi de cette couleur ; mais on apperçoit, sous certain point de vue,
sur ses grandes et moyennes intermédiaires plumes une bande d'or
rembruni, qui traverse le large bout de chacune d'elles, et qui disparoît

Le Superbe dans l'état du repos. Nᵒ. 16.

Barraband pinx.   De l'Imprimerie de Rousset.   Pérée sculp.

dans toute autre position. Les pennes latérales de la queue sont d'un noir richement pourpré, tandis que celles du milieu paroissent comme sablées avec une poussiere verdâtre sous certain aspect; particularité qu'on remarque aussi sur les dernieres pennes alaires, sur les scapulaires, et les bordures extérieures des autres pennes des ailes, dont les barbes intérieures et le revers sont d'un noir légèrement violacé, ainsi que le dessous de la queue. La cuirasse est d'un beau verd brillant, qu'on croiroit sous certain jour se glacer d'argent, tandis que sous tel autre il prend de riches teintes violettes. Enfin les différentes nuances des belles couleurs de cet oiseau varient sous une infinité de positions. Il est donc vrai qu'il faut le mettre au nombre de ceux dont une description ne sauroit rendre que très imparfaitement les beautés.

Buffon, Sonnerat, et plusieurs autres naturalistes ont décrit et même figuré cette espece sous le nom que je lui ai conservé: il seroit, je pense, inutile de relever les erreurs ou omissions qu'on a commises ou faites à son égard, le lecteur pouvant en juger d'après ma description tout aussi bien que je l'ai fait moi-même. Parceque certains oiseaux de paradis ont des filets, Buffon, ou du moins Montbeillard suppose au superbe des filets, qui peut-être sont tombés dans la mue, dit-il, à l'individu qu'il a vu. Le superbe n'a point et n'eut jamais des filets, non parcequ'il a douze plumes à la queue, tandis que 'es oiseaux de paradis qui ont des filets n'en auroient que dix; car les oiseaux de paradis qui portent deux filets à la queue ont effectivement douze plumes à la queue, puisque les deux filets en font partie, et qu'ils tiennent lieu des deux plumes intermédiaires, qui poussent par les deux mêmes trous. Cela est si vrai que les jeunes mâles ont les douze plumes à la queue, sans filets, et que, lorsqu'ils prennent les attributs de l'âge fait, ils n'en ont plus que dix, les deux filets ayant pris alors la place des pennes intermédiaires : mais les femelles, qui bien certainement n'ont pas de filets, conservent toujours leurs douze plumes semblables. Telle est la vérité à l'égard des oiseaux à filets dont nous avons parlé jusqu'ici; mais ceci n'est pas applicable en général à tous les autres oiseaux portant des filets ou des plumes surabondantes sur le croupion, plumes qui ne font point alors partie de la queue. La veuve dominicaine, la veuve d'Angora, la veuve à quatre brins, etc., leurs mâles s'entend, en fournissent des exemples : ils ont des plumes surabondantes sur le croupion; et comme ces plumes n'appartiennent point à la queue, leurs femelles, ainsi que les mâles jeunes ou adultes, y ont constamment le même nombre de pennes. Cela ne peut cependant pas s'appliquer à toutes les veuves; car il en est chez qui c'est encore tout autre chose; et rien ne prouve davantage que la nature se joue des regles que nous donnons à tout par nos systèmes, et qui feront toujours un chaos de l'histoire naturelle des oiseaux.

Quelques naturalistes ont prétendu reconnoître dans le superbe, et même dans le sifilet, deux des oiseaux de paradis désignés par Valentin sous le nom d'oiseaux de paradis noirs : il faut avoir bien du temps à perdre, en vérité, pour aller, dans des descriptions aussi imparfaites, et pour ainsi dire inintelligibles, trouver des oiseaux qu'on peut décrire soi-même d'une maniere au moins reconnoissable. Quelle est donc cette manie de nous ramener sans cesse sur ces sentiers ténébreux tracés par des mains inhabiles, et tant de fois rebattus par des gens qui, ne se sentant pas la capacité de frayer à la science une route nouvelle et sûre, voudroient obstinément nous arrêter sur les pas plus qu'incertains de l'ignorance? Laissons à ces froids compilateurs l'honneur de ces recherches pénibles, et inutiles à la science, pour ne nous occuper que des moyens de découvrir la vérité.

Le Nébuleux, étalant ses parures. Pl. 16.

LE NÉBULEUX.

(N° 16 et 17.)

L'espèce que nous nommons ainsi, par allusion à la blancheur de ses plumes d'ornement, mérite sans contredit de tenir un des premiers rangs parmi les oiseaux que la nature a plus particulièrement favorisés en les pourvoyant de ces plumes surabondantes qu'ils ont la faculté d'étaler pour s'en faire une parure, et dont nous avons déja eu bien des fois occasion de parler. Celles de ces plumes que porte l'oiseau que nous allons décrire nous ont aussi engagé à le mettre au nombre des oiseaux de paradis, sans cependant que nous le donnions pour appartenir à leur genre, quoique, s'il étoit vrai que les filets en fussent seuls le caractere distinctif, il ne fût pas douteux qu'il n'y appartînt plutôt qu'aucune des especes que nous en connoissions, puisqu'il porte neuf de ces filets, et peut-être un plus grand nombre; car par leur forme entortillée et la place qu'ils occupent l'oiseau se trouve souvent exposé à en perdre en volant à travers les arbres, aux branches desquels ils doivent être sujets à s'accrocher, et par-là à se déraciner. Cette supposition a même fait que nous n'avons pas donné à cet oiseau le nom de neufilet, préférable à tous égards à celui par lequel nous le désignons ici, et qu'on pourra lui rendre, si l'on parvient à connoître plusieurs individus de son espece, et qu'il soit constaté que ce nombre de filets est le même chez tous; ce dont nous avons plusieurs raisons de douter, d'abord parceque nous avons vu à La Haye, dans le cabinet de M. Carbintus, les débris d'un oiseau, à la vérité sans tête, ni ailes, ni pieds, mais qui ne nous en a pas moins paru appartenir à cette même espece par ses filets et ses longues plumes blanches sans filets : or les filets étoient au nombre de dix chez cet individu. De plus nous voyons dans les Voyages du capitaine Forrest, où l'on a rapporté les notices vagues de Valentin sur les oiseaux de paradis, que ce dernier auteur parle de deux oiseaux, dont l'un porteroit douze filets, et l'autre douze à treize, dit-il; et comme la notice qu'il en donne se rapporte d'ailleurs en gros à notre oiseau, il pourroit bien se faire qu'il y fût aussi question de la même espece, et par conséquent qu'elle eût eu là plus de filets que nous ne lui en trouvons ici, en supposant toutefois que Valentin eût bien compté ceux des individus dont il fait mention; ce que l'indication vague de douze à treize ne suppose pas. D'ailleurs les descriptions de cet auteur sont toutes remarquables par la plus grande inexactitude, à en juger par celles des especes qu'il décrit, et sur lesquelles il ne nous reste aucun doute, les connoissant parfaitement par nous-mêmes.

Le mieux est donc, à l'égard du nébuleux, d'attendre des renseignements sur lesquels on puisse compter davantage : au surplus nous rapportons ici ces notices de Valentin, tirées du Voyage de Forrest, afin de mettre le lecteur à même de juger si nos doutes sont fondés, et de rapporter à celle qu'il voudra des deux descriptions de cet auteur l'espece qui fait le sujet de cet article, et à laquelle l'une et l'autre conviennent également ; ce qui me feroit croire qu'ici comme là ce n'est toujours que la même espece dont il s'agit, les différences qu'on seroit d'abord tenté de mettre entre les deux descriptions que nous allons transcrire n'étant que de détail.

PREMIERE NOTICE. « L'oiseau de paradis blanc est le plus rare : il y en a « de deux especes ; l'un entièrement blanc, et l'autre blanc et noir. On en « voit très peu d'absolument blancs, et ils ressemblent par la forme à l'oiseau « de paradis des *isles des Papous*, ou à celui de la seconde classe : les blancs « et noirs ont le devant noir et la partie de derriere blanche, et douze « filets en spirale presque nus, et couverts de barbes seulement en quel- « ques endroits Cette espece est très rare ; on ne l'achete que des insulaires « de *Tidor :* elle se trouve sur les *isles des Papous*, sur-tout à *Waygehoo*, « appelée aussi *Wadjoo* ou *Wardejoo*. D'autres pensent qu'on le tire de « *Serghile*, sur la *nouvelle Guinée* ». Page 159, n° 5, Voyage de Forrest.

DEUXIEME NOTICE. « En 1689 on vit à *Amboyne* une nouvelle espece « d'oiseau de paradis noir, qui venoit de *Messowal :* elle n'avoit qu'un pied « de long, une belle couleur de pourpre, une petite tête, et un bec droit ; « comme les autres oiseaux de paradis elle a sur le dos, près des ailes, des « plumes pourpres et bleues ; mais au-dessous des ailes, et sur-tout du « ventre, elle est jaune comme l'oiseau de paradis ordinaire ; au-dessus du « cou elle est couleur de souris, entre-mêlée de verd. Cette espece est remar- « quable en ce qu'elle a devant les ailes deux touffes arrondies de plumes, « dont la bordure est verte, et que l'oiseau remue à sa volonté comme des « ailes. Au lieu de queue elle a douze à treize filets noirs et sans barbes, « qui pendent les uns à côté des autres : ses pieds, forts, sont armés d'ongles « aigus, et la tête est d'une petitesse extrême ; les yeux sont petits aussi et « environnés de noir ». Page 160, n° 6, *idem*.

Notre oiseau a le bec droit, et deux touffes de plumes arrondies et à bordures vertes au-devant des ailes : il a aussi des filets, mais non pas *au lieu de queue ;* car il en a une, quoique très courte et entièrement cachée par les filets et les longues plumes du croupion qui se rabattent sur elle et l'enveloppent ; ce qui aura sans doute empêché de la voir ceux sur-tout

Le Nébuleux, dans l'état du repos. Pl. 17.

qui n'y regardent pas de très près. Il pourroit bien se faire aussi que les sauvages qui préparent ces oiseaux l'eussent arrachée dans l'individu qu'a vu Valentin, comme ils leur arrachent les pieds et les ailes, toutes parties qui ne sont pas plus inutiles dans un panache qu'une petite queue, qui n'y ajouteroit rien d'agréable et de parant. Quant à la tête, d'une *petitesse extréme*, ceci, comme on l'a vu dans beaucoup d'autres cas, dépend encore de la maniere dont les oiseaux sont en général préparés dans le pays. Quoi qu'il en soit, nous allons décrire cette espece d'après un fort bel individu, le seul que je connoisse, et qu'on trouve dans le beau cabinet de mon ami M. Raye de Breukelerwaert, à Amsterdam.

Le nébuleux est à-peu-près de la taille de notre merle vulgaire de France: son bec est très droit et long de deux pouces; la mandibule supérieure en est coupée de biais, et l'inférieure tant soit peu relevée vers la pointe, de sorte qu'elles s'y adaptent parfaitement bien l'une à l'autre. Du reste elles sont solides toutes deux, c'est-à-dire non creuses, si ce n'est vers la bouche de l'oiseau, dont la langue doit être par conséquent très courte, et collée au fond du gosier. Comme ces derniers caracteres sont les mêmes chez les promerops, il ne peut pas y avoir de doute que notre oiseau ne soit purement insectivore, lorsqu'encore ses pieds robustes, armés d'ongles forts et crochus, annoncent qu'il s'accroche au tronc des arbres pour chercher sous leur écorce les insectes qui s'y réfugient. D'après tout cela on seroit même fondé à soupçonner, et nous soupçonnons en effet qu'il ne soit autre chose qu'un promerops: je sais bien que nos méthodistes s'écrieront que les promerops ont le bec arqué, tandis que celui-ci l'a droit; mais nous avons tant de fois, et d'après des exemples tirés de la nature elle-même, montré combien ces naturalistes à systèmes s'étoient égarés dans leurs conséquences, que nous nous contenterons d'ajouter ici en faveur de nos soupçons sur le genre de cet oiseau, que nous avons de fortes raisons pour croire qu'ils se changeront en certitude lorsqu'on en connoîtra mieux les habitudes, les mœurs, etc. Ses plumes de luxe consistent d'abord dans celles, au nombre de vingt, qui, prenant naissance au bas du cou de chaque côté, précisément là où s'applique le haut des ailes lorsqu'elles sont ployées, composent deux touffes, dont la forme est exactement celle d'un éventail; ensuite en un grand nombre de longues plumes à barbes séparées, qui naissent sur le dos et s'étendent au-delà de la queue: les plus hautes de ces dernieres plumes sont sans filets; mais celles implantées plus bas, et qui d'ailleurs ressemblent aux premieres, se terminent toutes par de longs filets nus, contournés en arc, et qui se portent bien au-delà de la queue. Toutes ces plumes du dos ont de fortes tiges qui traversent la peau; ce qui prouve que l'oiseau peut à son gré les relever et les étaler. La queue, qui est très courte et que les ailes ployées couvrent entièrement, porte douze plumes égales.

Quant aux couleurs, les plumes de la tête, du cou, de la poitrine, des flancs, et de toute la partie abdominale sont, ainsi que celles des jambes et les couvertures du dessous de la queue, d'un beau noir velouté, à reflet pourpre; couleur qui est aussi celle des deux touffes-éventails : mais chacune des plumes qui forment celles-ci ont de plus que les autres une riche bordure bleue ou verd-émeraude, suivant les incidences de la lumiere. Les ailes et la queue sont brunâtres; les premieres plumes de parure du dos sont d'un beau blanc : ce même blanc prend sur les suivantes une légere teinte jaunâtre, et les filets de ces dernieres sont d'un brun-marron. Le bec et les ongles sont noirs, et les pieds d'un brun jaunâtre.

Nous bornons là notre description, le lecteur pouvant bien mieux connoître l'espece dont il y est question par les deux planches que nous en publions, que par les minutieux détails que l'on pourroit ajouter à ce que nous en avons déja dit.

Je répete que je n'ai vu qu'un seul individu de cette espece; mais M. Woodfort, amateur zélé d'histoire naturelle, dont j'ai déja eu occasion de parler, et qui a vu aussi chez M. Raye de Breukclerwaert l'individu que je viens de faire servir à cet article, m'a assuré en avoir vu un autre chez un prince d'Allemagne, celui de Hesse-Cassel, autant que je puis m'en souvenir.

Le Loriot de paradis mâle. Nº 18.

Barraband pinx!   De l'Imprimerie de Rousset.   Langlois f.

LE LORIOT DE PARADIS MÂLE.

(N° 18.)

Séba est, je crois, le premier qui ait fait mention de cet oiseau, dont au reste il donne une fort mauvaise figure, tome Ier, planche 64, figure 5 de son volumineux ouvrage. Celle qu'après lui en a donnée Edwards est assez reconnoissable, mais encore bien éloignée de la vérité de celle que nous publions ici. Edwards a décrit l'oiseau sous la dénomination de *golden bird of paradise* ou l'oiseau de paradis d'or; Linnée en a fait un coracias; Brisson un troupiale, et enfin Buffon un rollier: il étoit cependant assez facile d'en distinguer le genre, pour que d'aussi grands naturalistes n'eussent pas dû s'y méprendre. Les rapports que Buffon lui trouve avec les rolliers et les oiseaux de paradis viennent de ce qu'il a pris pour des caracteres naturels ce qu'il ne falloit attribuer qu'aux préparations des individus qu'il avoit vus; car ce loriot reçoit dans son pays les honneurs de la mutilation qu'on fait subir aux oiseaux de paradis, proprement ainsi nommés: de là cette petitesse prétendue de ses yeux, leur situation au-dessus et fort près de la commissure des deux pieces du bec, et cette espece de velours naturel que Buffon a cru appercevoir à la gorge et sur une partie de la tête. Ces caracteres apparents ont même valu à cet oiseau, comme à tant d'autres préparés de la même maniere, le nom d'oiseau de paradis, quoiqu'en effet il soit très différent de toutes les especes d'oiseaux de paradis dont nous avons déja parlé, et que, par ses formes et tous ses caracteres extérieurs, il soit bien certain qu'il n'est qu'un loriot; ce que prouveroit encore sa couleur: car il est à remarquer que toutes les especes que nous connoissons de son genre sont en général d'un jaune plus ou moins foncé, et toujours davantage dans les climats plus chauds. Celle-ci, qui habite la Nouvelle-Guinée, est d'un jaune aurore des plus vifs: nous l'avons surnommée *de paradis*, parceque la nature l'a pourvue aussi de plumes surabondantes, que cet oiseau a la faculté d'étaler pour s'en faire une parure, et qui consistent chez lui en une masse de longues plumes flexibles, formant une sorte de camail qui, revêt le derriere du cou, et dont une partie retombe de chaque côté sur la poitrine et

15

le haut des ailes; l'autre s'étendant jusqu'au milieu du dos : cette parure n'est encore ici que l'attribut du mâle, par cette loi de la nature qui toujours se montre moins libérale à cet égard envers les femelles.

Le loriot de paradis, comme on le voit par la figure de grandeur naturelle que nous en donnons, est un peu plus fort de taille que notre loriot européen; les plumes un peu longues du dessus de sa tête lui forment une espece de huppe, mais seulement lorsqu'elles sont relevées, car couchées elles n'en conservent presque pas l'apparence: de sorte que cette huppe n'en est point une à proprement parler, puisqu'elle n'est point permanente et toujours visible comme l'est celle des oiseaux véritablement huppés même dans l'état de repos; c'est que les plumes qui composent la huppe de ces derniers débordent toujours l'occiput, et que cela n'a point lieu ici: ajoutons que les plumes du dessus de la tête ne s'y terminent pas même en pointe, qu'elles y sont au contraire larges et arrondies en écailles, ce qui est en quelque sorte incompatible avec les huppes proprement dites, excepté les cas néanmoins où elles se trouveroient implantées perpendiculairement, et où les plumes qui les formeroient alors seroient fort longues, ou assises sur de longues tiges.

Quoi qu'il en soit de la huppe de notre loriot, toute cette partie du dessus de sa tête et tout le camail, sont d'un beau jaune aurore foncé qui prend des tons plus rougeâtres dans certaines parties, et les plumes en sont glacées, et ont le brillant de la soie écrue; la gorge est noire jusqu'aux yeux, et ce noir se termine en pointe vers le bas du cou. Nous observerons que toute cette partie noire paroît sur le milieu du cou comme dans un enfoncement, par rapport aux plumes du camail qui retombent sur ses côtés, où elles sont bouffantes, et que ni les plumes de la gorge ni celles de la tête ne sont de la nature du velours. Le croupion, les couvertures du dessus de la queue, celles en grande partie des ailes, et les scapulaires, sont d'un jaune d'or; tout le dessous du corps est d'un jaune jonquille; les premieres grandes pennes alaires sont noires; les suivantes sont jaunes, terminées de noir; et les dernieres entièrement jaunes. Les pennes de la queue, au nombre de douze, et toutes d'égale longueur, sont d'un noir glacé d'olivâtre, et ont chacune une petite tache jaune vers leur pointe, mais ces taches ne s'apperçoivent que sur le dessus de la queue; les couvertures du dessous des ailes sont jaunes; la mandibule supérieure est noire; l'inférieure ne l'est qu'à sa pointe, étant brunâtre sur la base; les pieds et les ongles sont d'un noir brun : nous ignorons la couleur des yeux.

Le Loriot de paradis femelle. N.º 19.

Barraband pinx.t

De l'Imprimerie de Langlois.

LE LORIOT DE PARADIS FEMELLE.

(N° 19.)

ELLE est un peu moins forte que son mâle, et en diffère encore plus par ses couleurs généralement par-tout olivâtres: chez elle les plumes du derrière du cou, n'ayant aucun prolongement, n'y forment pas non plus de camail; la gorge s'y trouve grivelée d'olivâtre sur un fond noir brun ; le bec et les pieds sont d'un brun noir.

Le mâle dans son jeune âge ressemble absolument à la femelle; dans son moyen âge il se trouve bigarré des couleurs des deux sexes : on en voit un assez bel individu dans ce dernier état au muséum national d'histoire naturelle à Paris; individu qu'a figuré le citoyen Viclot dans l'ouvrage qu'il publie des Oiseaux de paradis, à la suite de l'histoire des Colibris par Audebert.

L'espece du loriot de paradis se trouve à la Nouvelle-Guinée , d'où les Hollandais l'ont importé en très grand nombre chez eux: aussi est-il peu de cabinets en Hollande où on ne la voie sous le nom d'oiseau de paradis orange, *oranje paradjs vogel.* Elle est au contraire rare en France : je crois aussi être le premier qui l'y aye introduite. Des trois individus que j'en ai eu dans mon cabinet, l'un est passé dans celui du jardin des plantes, l'autre chez M. Pâris, et le troisieme me reste; mais de tous ceux que j'aye jamais vus, je n'en connois que deux de parfaits, c'est-à-dire qui n'aient point subi les mutilations ordinaires : ces deux individus font partie des collections de MM. Raye-de-Breukelerwaert et Temminck à Amsterdam. Quant à presque tous les autres, il leur manque les pieds, ainsi qu'en général les grandes pennes des ailes, quoique souvent il arrive que, pour les rendre d'une défaite plus facile, les empailleurs donnent à ces oiseaux ainsi mutilés d'autres pieds et d'autres ailes; ce qui fait qu'on y est souvent trompé; ce qui explique aussi les méprises des naturalistes peu experts qui ont décrit l'espece d'après de tels individus. sans s'appercevoir de ces supercheries.

Nous ne dirons rien des habitudes de cet oiseau, n'ayant pu nous procurer à cet égard aucun renseignement. Je suis cependant persuadé que son histoire confirmera qu'il n'est qu'un loriot, qu'il est frugivore, et que, comme tous les autres loriots, il a la voix forte et sonore, ainsi que l'annoncent son ample gosier et son bec évasé vers la bouche.

_ La Pie de Paradis, vue par devant. N°. 20.

De l'Imprimerie de Langlois

LA PIE DE PARADIS ou L'INCOMPARABLE, MÂLE.

(N° 20 et 21.)

En surnommant *incomparable* cette belle pie que la nature s'est plu à
orner de la maniere la plus distinguée, nous ne faisons que remplir un en-
gagement que nous avons contracté à cet égard avec M. Gevers-Arntz de
Rotterdam, chez qui se trouve déposé l'individu parfait que nous faisons
servir à la description et à la figure que nous en publions ici. M. Gevers-
Arntz est, je crois, le premier en Europe qui l'ait eue en sa possession; car
il y a plus de vingt-cinq ans qu'elle embellit son cabinet sous le nom d'*incomparable*, qu'il lui avoit donné, et que nous avons promis de lui conserver:
nous le surnommons encore *pie de paradis*, pour rappeler ainsi et tout à la fois
le genre et la parure de cette magnifique espece, chez laquelle, de chaque
côté de la tête au-dessus des yeux, s'élevent en diadême rayonnant deux
touffes de plumes arrondies, et qui, épanouies, y présentent chacune absolument la forme de la valve bombée d'une coquille pétoncle, dont la con-
cavité seroit tournée en dehors, et la charniere placée directement sur la
partie élevée de la tête où se termine la cavité de l'œil; de sorte que ces
deux touffes couronnent les yeux de l'oiseau, qui sans doute a la faculté de
les resserrer ou reployer à volonté : elles doivent alors prendre une forme,
qu'il est trop facile de se représenter pour que nous ayons cru nécessaire
de figurer notre pie dans cet etat, d'autant plus qu'en en donnant déja deux
figures, dont l'une la présente de face, et l'autre en sens contraire, c'eût été
grossir assez inutilement les dépenses énormes qu'occasionne cet ouvrage,
et que couvrent à peine les souscriptions, quoique remplies en grande partie.
Outre ce bel ornement de tête la nature a pourvu à cet oiseau d'une queue
volumineuse, composée de longues et fort larges pennes, qui lui donnent
un air vraiment imposant : enfin la richesse de tout son plumage, sur
lequel brillent les couleurs les plus rares, justifie le surnom d'incomparable
que l'amitié et la reconnoissance nous ont fait un devoir de lui conserver,
et qu'il mérite à tous égards, comme on le verra par les deux figures de grandeur naturelle que nous en publions, et dans les dessins desquelles le ci-

toyen Barabant s'est pour ainsi dire surpassé pour la verité des couleurs et
des teintes fugitives qu'elles offrent sous leurs divers aspects : nous y renvoyons même le lecteur pour les beautés de détails, qu'une description ne
sauroit rendre que très imparfaitement. L'oiseau dont nous parlons a le
corps à-peu-près de la force de notre pic vulgaire d'Europe, et sa queue,
composée de douze plumes étagées, a trois fois la longueur de son corps
du bec à l'anus : ses ailes ployées ne vont que jusqu'à la naissance de la
queue; elles sont taillées absolument comme celles de toutes les pies, et
peu amples : ce qui prouveroit que l'oiseau doit avoir de la peine à voler,
sur-tout quand le vent est un peu fort, la longueur d'une queue aussi
volumineuse que la sienne n'étant pas contre-balancée par l'envergure
des ailes. Les pieds sont forts et recouverts d'écailles; les narines sont om-
bragées par des poils roides qui se dirigent sur le devant, ainsi que de
longues plumes poileuses, qui, partant de la base de la mandibule inférieure, cachent toute celle du bec. Celui-ci est un peu courbe; les mandibules en sont unies sans aucune échancrure; sa tête est fort grosse, la
bouche large, et les yeux sont grands : tels sont les caracteres qui distinguent l'espece de ce bel oiseau.

Quant aux couleurs de son plumage, le front, les joues, la gorge, et le
devant du cou, sont d'un noir velouté à reflet pourpre; du coin de chaque
œil part une bande de plumes d'une couleur hyacinthe des plus éclatantes,
et qui, longeant les côtés du cou, se termine circulairement sur la poitrine;
ce qui forme une espece de collier qui encadre tout-à-fait le noir pourpre
du devant du cou. Les plumes de parure de la tête, étroites à leur naissance, s'élargissent à mesure qu'elles s'alongent, et se terminent en arc;
elles sont de différentes tailles, et rangées symétriquement, ou de maniere
que les plus longues, celles qui occupent le derriere, ont leur racine recou-
verte par d'autres plus courtes, et que celle de ces dernieres l'est par d'autres
qui le sont encore davantage, et ainsi de suite jusqu'au-dessus des yeux,
où se trouvent les plus petites. Toutes les plumes de cette partie sont de la
nature du velours dans tout ce qu'elles ont de visible, et d'un beau noir
à reflet verd ou pourpre, suivant les incidences de la lumiere. Le sommet
de la tête et tout le derriere du cou sont couverts de plumes, dont l'extrémité
est d'un verd émeraude éclatant, qui se dore aussi plus ou moins suivant
les coups de lumiere qu'il reçoit; et comme cette belle couleur verte est
séparée du duvet de chacune de ces plumes par une bande de couleur
hyacinthe, on voit s'échapper des éclats de cette riche teinte de tous les
endroits où les plumes se séparent un peu. Le manteau, les scapulaires,
le dos, le croupion, et les plumes des jambes sont d'un noir brun nuancé
de pourpre. Tout le dessous du corps, depuis la poitrine jusqu'au bas du
ventre, est d'un beau verd soyeux de malachite polie. On voit sortir des
flancs, à travers cette belle couleur, des reflets hyacinthe, parceque les
plumes de cette partie portent aussi une bande de cette derniere couleur

La Pie de Paradis, vue par derrière. N.º 21.

entre leur partie verte et leur duvet. Les ailes sont noires dans toutes leurs parties cachées, et dans celles visibles elles sont lustrées et changeantes en pourpre ou en verd sablé, suivant le jour sous lequel l'oiseau se trouve placé. Les couvertures du dessus de la queue sont violâtres. La queue est composée de douze plumes, étagées de manière que la plus courte latérale de chaque côté est du quart de la longueur des plus longues : celles-ci, fort larges, sont en-dessus, exposées au jour, d'un violet magnifique, que l'on voit aussi se jouer sur les bords extérieurs de toutes les latérales ; et, ce qu'il y a de particulier, c'est qu'à certain jour toute cette queue paroît en-dessus et en-dessous coupée par des lignes transversales qui disparoissent dans toute autre position. Le revers des ailes et celui de la queue sont d'un noir brun glacé. Enfin le bec et les pieds sont noirs.

Le bel individu que je viens de faire servir à cette description se trouve, comme je l'ai déja dit, dans le cabinet de M. Gevers Arntz, à Rotterdam : j'en ai vu un autre aussi beau et non moins bien conservé que celui-ci dans la précieuse collection de M. Temminck de la même ville ; et M. Raye de Breuckelwaert a eu sa possession un mâle de la même espece. Il paroît qu'il y en a aussi un à Londres ; du moins M. Latham a donné la description d'un individu de cette espece sous le nom d'oiseau de paradis à collier d'or : mais ce naturaliste ne fait aucune mention de la parure de tête dont nous avons parlé ; ce qui feroit croire que l'individu qu'il a décrit avoit subi les mutilations en usage chez les insulaires de la Nouvelle-Guinée, d'où tous ceux dont j'ai parlé avoient été rapportés. J'ai vu encore dans différents cabinets plusieurs individus du même oiseau ; mais ceux-ci ayant été mutilés aussi par les sauvages, les ailes et les pieds leur manquoient ainsi que les os de la tête, qui, se trouvant par-là rétrécie et déformée, les eût rendus tout-à-fait méconnoissables, sans la queue et les belles plumes des autres parties du corps qu'on laisse d'ordinaire à ces peaux dégradées, qui nous parviennent desséchées sur un roseau.

LA FEMELLE DE LA PIE DE PARADIS

OU DE

L'INCOMPARABLE.

(N° 22.)

Cette femelle differe tellement de son mâle et par ses attributs et par ses
couleurs, qu'on se refuseroit presque à la reconnoître pour appartenir à
l'espece dont il est ici question. Il ne peut cependant y avoir aucun doute
que l'oiseau que représente notre planche 22 ne soit une femelle de notre
pie de paradis. Nous sommes même convaincus que le mâle dans son jeune
âge ressemble absolument à la femelle; car, nous avons vu à la Haye, chez
M. Carbintus, un individu mâle de cette espece entre les deux âges, c'est-
à-dire commençant à prendre la livrée de l'âge fait, et par conséquent
bigarré des couleurs de la femelle et de celles de l'âge adulte ; état qui ne
laisse jamais de doute sur l'identité d'espece de l'une et de l'autre, quoiqu'absolument différente de plumage dans un âge plus avancé: nous avons
tant de fois prouvé cela par des exemples, dans le cours de nos différents
ouvrages sur les oiseaux, qu'on ne doit plus en être surpris. Cette loi de la
nature est générale à l'égard des oiseaux, sur-tout pour ceux qu'elle a
le plus favorisés; et il est à remarquer que plus les mâles sont parés, moins
leurs femelles le sont, tandis que parmi les oiseaux simplement vêtus, le
mâle et la femelle se ressemblent ordinairement beaucoup, et même au
point que souvent on ne peut distinguer l'un de l'autre que par l'inspection
des parties sexuelles.

Nous disons que la femelle de l'incomparable differe totalement de son
mâle, en ce qu'elle n'en a pas les attributs, et par ses couleurs qui, sur la
tête, le cou, la poitrine, le manteau, et le croupion, sont d'un brun noir légèrement violacé; la queue, qui n'est pas à beaucoup près du volume de celle
du mâle, quoiqu'étagée aussi chez elle, y est d'un noir brun à reflet bleuâtre

Femelle de la Pie de paradis. N°. 22.

ou pourpre, suivant les incidences de la lumière : elle y paroît aussi barrée par des lignes transversales, qui disparoissent à certain jour, comme chez le mâle. Les ailes sont d'un noir luisant, chatoyant en bleu pourpre ; tout le dessous du corps, la poitrine, les flancs, la partie abdominale, et les couvertures du dessous de la queue, sont d'un brun terreux uniforme, coupé transversalement par des lignes d'un gris roussâtre : le bec et les pieds sont noirs.

Cette femelle dont nous donnons ici la description, et que représente notre planche 22, fait partie du cabinet de M. Temminck, d'Amsterdam, qui a eu la bonté de me l'envoyer à Paris en nature : qu'il me soit permis de lui en témoigner publiquement ma juste reconnoissance.

Cette femelle ne seroit-elle pas l'oiseau de paradis noir des nomenclateurs ? La mauvaise figure qu'on en voit dans Séba lui ressembleroit, quoique faite d'après un individu très mutilé sans doute, puisquil y est représenté non seulement sans ailes, mais même dans les formes sous lesquelles les insulaires de la Nouvelle-Guinée nous font parvenir tous les oiseaux préparés par eux.

LE CALIBÉ MÂLE.

(N° 23.)

CETTE espece, qui ne doit l'avantage d'avoir été admise parmi les oiseaux de paradis qu'à la mauvaise préparation des premiers individus qui nous en étoient parvenus de la Nouvelle-Guinée, son pays natal, se rapproche beaucoup par son genre de celui des choucas : elle a effectivement des parties dont les plumes paroissent au toucher et à l'œil être de la nature du velours, et telles sont réellement toutes celles qui garnissent la tête et tout le devant du cou de cet oiseau ; mais on remarquera facilement qu'en revanche il n'a ni une petite tête ni des yeux moins grands que ne le comporte sa taille ; caracteres attribués généralement par tous les naturalistes aux oiseaux nommés de paradis, et dont nous avons trop souvent prouvé la fausseté pour que nous y revenions au sujet du calibé. Celui-ci subissant dans le pays qu'il habite les mêmes mutilations que les insulaires font subir à tous les autres oiseaux des mêmes contrées, offre aussi les mêmes dégradations, c'est-à-dire que, comme tous les oiseaux de paradis, il nous arrive ordinairement sans pieds, sans ailes, et desséché sur un roseau ; ce qui seul, comme nous l'avons dit, l'a fait placer parmi ces derniers, quoiqu'il n'ait point, comme eux, reçu de la nature cette surabondance de plumes dont ils sont pourvus, et avec lesquelles ils savent si bien se parer. Quant aux plumes de la nature du velours, elles ne sont point un attribut nécessaire et exclusif des oiseaux de paradis, puisque, comme nous l'avons vu, plusieurs especes ainsi nommées n'en étoient nullement pourvues, et que beaucoup d'autres oiseaux présentent ce caractere : le paon, par exemple, de tous les oiseaux connus celui que la nature a le plus favorisé du côté de ces plumes veloutées, et qui de plus est paré de la maniere la plus pompeuse, pourquoi ne l'auroit-on pas rangé parmi les oiseaux de paradis? ajoutons que le paon a une très petite tête relativement à sa taille, puisqu'au moins dix fois plus gros de corps que le plus grand oiseau de paradis qu'on connoisse (le grand émeraude), sa tête n'est réellement pas plus forte que celle de ce dernier. Mais, disons-le, il n'a manqué au paon pour être un oiseau de paradis, que de nous avoir été envoyé aussi sans pieds, sans ailes, et desséché sur un bâton. Au reste, qu'on considere comme un oiseau de paradis, ou comme un choucas l'espece du calibé, voici ses caracteres :

Il a le bec alongé, fort, un peu arqué, et portant au bout de la mandibule

Le Calibé mâle. N.º 23.

Barraband pinx.
De l'Imprimerie de Langlois.
Gremilliet sculp.

supérieure deux échancrures très apparentes : cette mandibule se prolongeant profondément sur le front, s'y élargissant, et s'y terminant circulairement, divise les plumes du toupet en deux parties, qui se portent jusque sur les narines qu'elles couvrent presque totalement. Ce caractere, que le calibé partage avec les oiseaux du genre des cassiques et des carouges, est encore, ainsi que nous l'avons vu, commun au grand, au petit émeraude, et à l'oiseau de paradis, rouge; mais il est très différent dans les autres especes, notamment dans le manucode, car chez celui-ci les plumes du front couvrent les deux tiers de la base de la mandibule supérieure. Les pieds du calibé sont robustes, assez longs, et coupés par écailles dans toute l'étendue des tarses : les pennes de la queue sont d'une largeur remarquable, ainsi que les dernieres plumes des ailes qui avoisinent le corps ; la queue est composée de douze pennes, dont les trois plus latérales sont étagées, de maniere qu'épanouies, leur extrémité décrit un demi-cercle parfait : les couvertures du dessus des ailes sont larges et terminées en cercle, de sorte qu'elles forment de grandes écailles. Quant à la couleur du plumage de cet oiseau, quoiqu'au premier apperçu il paroisse être entièrement noir, exposé à la lumiere il est très brillant, et offre des teintes très variées. Les plumes de la tête et du devant du cou sont d'un verd brillant à leurs pointes, mais au jour ce verd prend des points lumineux qui le font paroître sablé d'or ou d'argent, suivant les positions. Tout le dessous du corps est glacé de violet, changeant du bleu au verd aussi suivant les jours : le haut du dos, les scapulaires et toutes les couvertures du dessus des ailes ont un éclat merveilleux, et jettent des feux diversement colorés, soit en violet, ou en bleu ; ces parties présentent enfin l'aspect de ces brillants groupes de cristaux de fer de l'isle d'Elbe : les ailes et la queue ont à-peu-près le même éclat sur fond noir : les couvertures du dessous des ailes ainsi que celles du dessus et du dessous de la queue, sont d'un noir à reflet verd ou bleu, et changeant en violet ; enfin le revers des ailes et celui de la queue sont noirs, ainsi que le bec, les pieds, et les ongles.

L'espece du calibé est très commune, à ce qu'il paroît, à la Nouvelle-Guinée ; car je l'ai toujours vue en nombre dans les différents envois d'oiseaux faits de ce pays, mais malheureusement presque toujours mutilée, et manquant en général de pieds et d'ailes : j'ai été à même de voir les individus entiers qui nous en étoient parvenus en Europe : celui qui se trouve au Muséum d'histoire naturelle à Paris, et qui provient du cabinet du stathouder, a une partie de ses ailes, mais il est sans pieds : j'en ai vu un parfait à Amsterdam, chez M. de Raye de Breuckelerwaert, et un autre à la Haye, chez M. Carbintus, qui me fit voir aussi une variété de la même espece. Cette variété étoit encore un jeune oiseau, de couleur en général brune et à reflet violâtre sur les ailes et la queue ; tout le dessous du corps rayé de brun sur un fond noir. Les caracteres et la forme de cet oiseau étoient si absolument conformes à ceux de notre calibé, qu'il ne peut y avoir de doute qu'il n'appartienne à la même espece : il est aussi certain que c'étoit un jeune oiseau ; ce que j'observai à la nature cotonneuse de toutes ses plumes ; d'où je conclus aussi, d'après toutes les lois générales de la nature, que la femelle du calibé ne doit pas beaucoup différer de ce jeune oiseau.

Tous les naturalistes modernes ont parlé de l'espece du calibé sous le même nom que nous avons cru devoir lui conserver. Sonnerat est, je crois, le premier qui nous l'ait fait connoître en France, en en publiant une description et une figure dans son *Voyage à la Nouvelle-Guinée* : mais il est bien étonnant que ce naturaliste qui a visité les contrées qu'habitent ces beaux oiseaux, ne nous en ait apporté que de mutilés, et ne nous apprenne absolument rien sur leurs mœurs et leurs habitudes.

Nous n'avons pas donné les dimensions du calibé, parcequ'il se trouve représenté sur nos planches dans toutes ses proportions naturelles.

Barraband pinx.   De l'Imprimerie de Langlois.   Grémillier Sculp.

LE GRAND CALIBÉ ou CALIBÉ BRUYANT.

(N° 24.)

Il s'agit ici d'une espece fort rare qui réunit dans la construction de son bec et de ses pieds absolument toutes les formes de ces parties du calibé de l'article précédent, et que nous avons été déterminés par cette raison à décrire à la suite de ce dernier sous le nom de grand calibé, parcequ'en effet il a la taille beaucoup plus forte que lui, ou à-peu-près celle de notre corneille vulgaire. L'espece du grand calibé se distingue encore du petit calibé par des attributs qui lui sont propres et qui la caractérisent d'une maniere précise: elle a, par exemple, la queue carrément coupée, c'est-à-dire que les pennes de celle-ci sont toutes égales entre elles; et, si pour spécifier un oiseau on peut admettre les caracteres négatifs, nous ajouterons que le grand calibé n'a point de plumes épaisses de la nature du velours.

Quant à ses couleurs, elles sont aussi simples que celles de l'autre espece sont brillantes; un noir brun, grisâtre, plus foncé sur les parties supérieures du corps que sur les inférieures, se trouve un peu relevé chez lui par une large tache blanche, qu'on remarque sur les premieres grandes pennes des ailes ; la queue est blanche à sa naissance, noire ensuite, et terminée par un frangé blanc de toutes ses pennes; les pieds, recouverts de grandes écailles, sont noirs; le bec est blanc à sa pointe, et noir dans le reste.

Cette espece habite la Nouvelle-Hollande : nous avons à Paris deux de ses individus, dont l'un est au cabinet national, et a été donné par l'illustre M. Banks l'autre fait partie du cabinet de M. Dufrene.

Latham, qui a décrit notre grand calibé sous le nom de *coracias strepera*, le range parmi les rolliers, avec lesquels il est trop facile de voir qu'il n'a aucune analogie; aussi Daudin, quoiqu'il ne décrive le même oiseau que d'après le naturaliste Anglois, a-t-il préféré avec raison d'en faire un genre distinct qui ne consiste qu'en cette seule espece, qu'il nomme *réveilleur de l'isle Norfolk* : ces surnoms de *strepera* (bruyant) ou de réveilleur tiennent aux habitudes de cet oiseau qui, dit-on, quoique de mœurs douces, n'en passe pas moins les nuits à s'agiter, et à pousser des cris qui interrompent le sommeil des hommes et des animaux : il est propable cependant que ces agitations et ces cris nocturnes n'ont lieu que pendant le temps des amours seulement; comme cela arrive à tous les animaux diurnes qui passent les nuits à chanter ou à crier.

18

Nous terminerons cet article en observant que si les naturalistes persistent à regarder le calibé de notre n° 23 comme un oiseau de paradis, ils ne doivent point hésiter à considérer aussi comme tel celui de cet article. Quant à moi, s'il m'est permis de dire ce que j'en pense, je dirai que ces deux oiseaux ne sont point oiseaux de paradis, et qu'ils n'appartiennent à aucun des genres dont se compose la série des oiseaux que nous avons fait connoître sous ce nom, et qui, quoique de genres différents, ont toujours au moins de commun les plumes, plus ou moins surabondantes, que chacun d'eux fait servir à sa parure en les étalant d'une manière quelconque, et qui manquent à nos deux calibés.

Les naturalistes font encore mention de plusieurs autres oiseaux de paradis, dont nous ne parlerons pas, parceque nous ne les avons jamais vus, et que nous nous sommes fait une loi de ne publier aucun oiseau dont nous n'ayons acquis par nous-mêmes une connoissance parfaite.

SECONDE PARTIE.

DES ROLLIERS ET DES GEAIS.

HISTOIRE NATURELLE

DES

ROLLIERS ET DES GEAIS.

Nous avons cru devoir réunir les rolliers et les geais, quoique jusqu'ici les naturalistes les aient séparés. Ces oiseaux ayant entre eux beaucoup d'analogie, et leurs mœurs et leurs habitudes étant absolument semblables, ils ne doivent donc point être considérés comme formant deux genres distincts; ils le doivent d'autant moins que le caractere le plus saillant qu'on ait indiqué pour autoriser leur séparation est celui d'avoir les narines couvertes ou découvertes; caracteres trop équivoques, et qui n'influent pas assez (qui n'y influent même en aucune maniere) sur les fonctions de la vie animale pour qu'ils puissent être pris en aussi grande considération. Il est d'ailleurs certain que plusieurs rolliers ont les narines tout aussi couvertes que le sont celles des geais, comme on le verra lorsque nous donnerons les caracteres propres à chaque espece en particulier de ces oiseaux. Nous verrons aussi qu'en considérant les geais et les rolliers comme formant deux genres séparés, par la raison qu'on en donne, on trouveroit que les différentes especes de chacun d'eux different entre elles, et à plusieurs égards, beaucoup plus que ne différeroient entre eux les deux

genres supposés, et que de cette sorte il seroit facile à un méthodiste scrupuleux d'établir autant de genres qu'il y a d'especes de geais et de rolliers, ou même d'oiseaux généralement
quelconques; car si l'on vouloit à la rigueur exiger pour l'ad-
mission d'une espece, dans un genre, qu'elle réunît tous les
caracteres assignés à ce genre, je doute qu'il se trouvât deux
oiseaux qui appartinssent à un même genre; c'est que la nature a diversifié les formes dans les especes mêmes de chaque
genre, afin que les facultés de chacune d'elles répondissent
aux fonctions auxquelles elle étoit destinée. Il suffit, pour se
convaincre de cette grande vérité, de comparer la nature à la
nature; par-tout on y verra que les caracteres qui constituent
les facultés sont modifiées de maniere qu'elles conviennent
toujours aux fonctions particulieres de chaque espece. Pense-
t-on, par exemple, que dans la grande tribu des oiseaux insectivores, destinés par la nature à maintenir par la destruction un équilibre nécessaire; pense-t-on, dis-je, que tous ces
oiseaux vivent indistinctement de toutes sortes d'insectes? non
assurément; certaine espece de ces derniers est condamnée
à devenir la proie de tel insectivore, et telle autre celle de
tel autre exclusivement: d'où il résulte que pour l'exécution
de ses desseins la nature a dû diversifier les facultés destruc-
tives de l'un, et les proportionner aux moyens de défense de
l'autre. Ainsi telles especes de gobe-mouches ayant été destinées à prendre les insectes au vol, on les reconnoît d'abord
à leur large bec aplati, muni de longs poils roides, et formant
de chaque côté de la bouche un réseau qui empêche les mouches de s'échapper une fois qu'elles sont engagées dans l'ouverture du bec, tandis que celles qui vont chercher les insectes
dans leur cachette, manquent totalement de ces longs poils.

qui, d'une nécessité absolue aux premières, nuiroient infailli-
blement à celles-ci, puisque souvent ces poils débordent la
pointe du bec dans les gobe-mouches proprement dits (1).
Voyons les drongos, qui, quoique confondus par nos savants,
tantôt avec les pie-grieches, tantôt avec les corbeaux, d'autres
fois avec les merles, n'en appartiennent pas moins à la tribu
des gobe-mouches; la nature qui les destina à la destruction
des abeilles, leur donna en même temps un large bec, pour
qu'ils pussent les happer au vol; mais ce bec est en outre épais
et fort, proportionné enfin aux moyens de défense de ces in-
dustrieux insectes (2).

Si des oiseaux insectivores nous passons aux oiseaux purement frugivores ou granivores, nous remarquerons que ceux
qui se nourrissent de fruits mous ou de graines tendres, ont le
bec foible, tandis que ceux qui sont obligés d'en entamer de
plus solides, ont aussi le bec plus robuste. Il est donc essentiel
d'étudier les mœurs et de bien connoître les fonctions de chaque
espèce, pour ne pas se méprendre sur la place qu'elle occupe
dans l'ordre de la nature. C'est par le défaut de ces connoissances que l'histoire naturelle des animaux, des oiseaux sur-
tout, n'est encore qu'un chaos livré à des vues arbitraires, et
changeantes à mesure qu'il se présente des objets nouveaux
à ranger parmi ceux déja connus. La masse, l'ensemble des
faits pourront seuls un jour servir de base à une bonne histoire naturelle. Nos pédants à systèmes ont beau se récrier
contre ces faits qu'ils redoutent, parcequ'il n'en a souvent
fallu qu'un seul pour détruire tout l'étalage de leurs pompeuses
théories; on y reviendra toujours, et toutes les fausses spécu-

(1) Voyez l'histoire des gobe-mouches, Histoire des oiseaux d'Afrique, tome III.
(2) Voyez l'histoire des drongos, ibid. tome IV.

lations de l'esprit humain auront ici le sort de toutes celles qui n'ont un instant brillé sur la scene polémique que pour s'éclipser à jamais. Qu'on fasse en un mot dans les systêmes tous les changements qu'on voudra, le meilleur de tous ne sera jamais que le moins mauvais; ils varieront à l'infini d'âge en âge, tandis que la nature, toujours constante, toujours uniforme dans sa marche, présentera toujours les mêmes causes, et les faits dérivant naturellement de ces causes, dont elle semble défier les hommes de découvrir entièrement les ressorts cachés.

Le Rollier à long brins d'Afrique, mâle. N.º 25.

LE ROLLIER À LONGS BRINS D'AFRIQUE.

(N° 25.)

Tous les naturalistes ont parlé de ce rollier sous le nom de rollier d'Abyssinie ; mais comme l'espece n'habite point exclusivement cette portion de l'Afrique, puisqu'elle se trouve également au Sénégal ainsi que dans plusieurs autres cantons de ce vaste continent, et même sous le 26me degré de latitude sud, vers le cap de Bonne-Espérance, j'ai cru devoir le nommer rollier à longs brins d'Afrique, plutôt que de lui conserver son ancienne dénomination : j'ai été d'autant plus encore autorisé à faire ce changement, qu'il y a en Abyssinie beaucoup d'autres rolliers à qui le nom de rollier d'Abyssinie pourroit aussi bien s'appliquer qu'à celui-ci, et qu'alors il pourroit y avoir confusion dans les especes ; inconvénient grave en histoire naturelle : il doit d'ailleurs paroître absurde d'appeler d'un nom de pays un oiseau quelconque, lorsqu'on sait positivement que cet oiseau vient, non seulement d'un canton très éloigné, mais souvent même d'un pays situé à l'opposé de celui dont on lui feroit porter le nom.

J'ai trouvé, pendant le cours de mes voyages en Afrique, l'espece du rollier dont nous faisons le sujet de cet article entre la riviere d'Orange et la grande riviere des Poissons (Vis rivier) ; mais elle y est seulement de passage, puisqu'elle n'y arrive que pendant la saison des chaleurs, et qu'elle en repart aussitôt que celle des vents et des pluies, qui font l'hiver du pays, vient à commencer ; temps où ces oiseaux ont fini leur ponte, et où leurs petits ont acquis la force de les suivre. Pendant le temps des amours on rencontre toujours ces oiseaux par paires, c'est-à-dire le mâle et la femelle ensemble, et ensuite par famille ; car dès que les petits sont sortis du nid ils suivent leurs pere et mere, et ne les quittent plus ; ils se forment alors en petites bandes de six individus au plus ; car la ponte n'est que de quatre œufs, et qu'il arrive souvent des accidents pendant l'incubation, ou aux petits, qui sont très niais, et sujets ainsi à devenir la proie des oiseaux carnivores dont le pays abonde. Ces rolliers fréquentent les bois, et se nourrissent indistinctement de fruits ou d'insectes, quoiqu'à ce qu'il m'a paru ils préferent toujours les premiers. Les seuls insectes que j'aie trouvés dans l'estomac des individus que j'ai tués sont quelques chenilles lisses, des sauterelles, ou des menthes. J'ai trouvé leur nid dans les enfourchures des arbres, près du tronc ; ce nid, très volumineux, et par conséquent facile à découvrir, est composé de bois entrelacé d'herbes et de mousse, et revêtu dans l'intérieur seulement d'un lit de feuilles sèches ; les œufs sont à-peu-près de la grosseur de ceux de nos pigeons fuyards, et leur couleur est verdâtre pointillée de roux. On reconnoît dans notre rollier à longs brins d'Afrique le port, le vol et les attitudes du geai européen ; il a même jusqu'au cri, qui a valu à ce dernier le nom qu'il porte, parcequ'en effet il le prononce d'une maniere très distincte. Cet oiseau est d'un naturel très curieux ; on le voit arriver au moindre bruit extraordinaire, mais il fuit dès qu'il se sent averti du plus petit danger ; caractere moral qu'il a de commun, non seulement avec notre geai d'Europe, mais avec tous les geais et tous les rolliers, selon du moins que je l'ai constamment observé dans toutes les especes que j'ai vues de ces oiseaux, et qui ont toutes aussi un cri semblable à celui de *geai, geai.* Il n'est enfin personne qui, connoissant bien les allures de notre geai, ne dise en voyant ou en entendant un rollier, voilà un geai ; et il m'est arrivé à moi-même de m'y méprendre au point qu'en en jugeant par les rolliers que j'avois vus ou entendus en Afrique, avant d'en avoir tué aucun, j'étois dans la ferme persuasion que notre geai d'Europe se trouvoit aussi dans cette autre partie du monde ; cela me paroissoit d'autant moins extraordinaire que j'y avois déja trouvé alors notre coucou, ainsi que plusieurs especes de nos pie-grieches, et de nos chouettes.

Le rollier à longs brins d'Afrique a la mandibule supérieure arrondie sur toutes ses faces, un peu arquée, et terminée en un petit crochet très délié ; cette mandibule avance un peu dans les plumes du front, et les divise en deux parties, qui se portent jusqu'aux narines, qu'elles cachent même entièrement. La mandibule inférieure, aplatie sur les côtés, s'arrondit un peu vers sa pointe mousse et légèrement courbée. Les tarses sont courts, forts, et coupés en écailles dans toute leur longueur, et les doigts entièrement séparés jusqu'à leur racine. Les ailes ployées s'étendent jusqu'aux deux tiers de la longueur de la queue. Les pennes latérales de celle-ci se prolongent en deux longs brins déliés, qui se portent beaucoup au-delà des autres pennes toutes égales entre elles, et qui forment un caractere particulier : ces brins sont plus ou moins longs suivant l'âge de l'oiseau ; dans les vieux ils acquierent une longueur de plus du double de celle des autres plumes de la queue ; il est aussi à remarquer qu'ils sont d'autant plus déliés qu'ils sont plus longs, c'est-à-dire que leur longueur se fait aux dépens de leur largeur. Nous allons maintenant décrire les couleurs de ce bel oiseau :

Les plumes du front et de la gorge sont d'un blanc laiteux, ainsi que celles qui bordent les côtés de la base des mandibules ; le dessus de la tête, le derriere, les côtés, et le devant du cou, sont d'un beau verd bleuâtre luisant, imitant la teinte du verd-de-gris ; mais les plumes du devant du cou sont toutes marquées d'un trait verd clair, qui sous certain jour prend un ton blanchâtre : tout le reste du dessous du corps, y compris les plumes des jambes, les couvertures du dessous de la queue, et toutes celles du revers des ailes, sont du même ton verd du cou, quoique d'une teinte un peu plus foible. Le haut du dos, les scapulaires, et les deux dernieres plumes des ailes du côté du dos, sont d'un roux nué de verd. Les plumes du croupion et les couvertures du dessus de la queue, sont d'un bleu vif, qui est aussi la couleur de toutes les couvertures du poignet des ailes : les moyennes et grandes couvertures de celles-ci sont du verd du dessous du corps : telle est aussi la couleur des pennes des ailes à leur naissance, tandis qu'elles ont leur autre extrémité d'un beau bleu vif ; de sorte que le dessus de l'aile est partagé en trois larges bandes transversales, dont le verd occupe le milieu, et le bleu les deux extrémités ; tandis qu'au revers elle est seulement bleue au bout, et verte en haut. Nous ajouterons que la pointe des pennes alaires est noire, et qu'on remarque dans les barbes extérieures des premieres vers cet endroit un liséré verdâtre. La queue, qui est composée de douze plumes, est bleue et verte, le bleu occupant le centre, et le verd les extrémités ; mais les deux filets sont d'un bleu extrêmement foncé, et les deux pennes du milieu d'un verd olivâtre, imprégné d'une teinte brunâtre. Le bec et les ongles sont d'un noir de corne, et les pieds d'un brun roux, ainsi que les yeux.

La description que nous venons de faire de l'espece du rollier à longs brins d'Afrique est celle du mâle, que nous donnons aussi représenté sur nos planches de grandeur naturelle, d'après un individu qui fait partie de mes collections, et que j'ai apporté d'Afrique. La femelle est un peu plus petite que le mâle, et les couleurs sont absolument les mêmes dans les deux sexes : nous observerons seulement qu'elles ont une teinte moins vive chez la femelle, qui différeroit par conséquent peu du mâle, si on ne distinguoit d'abord celui-ci à la longueur des brins des plumes de sa queue ; car, dans la femelle, ces brins ne dépassent pas les autres pennes de plus de trois pouces, tandis que ceux du mâle se prolongent quelquefois à plus de six pouces au-delà.

Dans le premier âge le front, la gorge, la poitrine, et les flancs, sont roussâtres : le bleu des ailes et du croupion y est mêlé de beaucoup de verd nuancé en général d'une forte teinte roussâtre. Dans cet état les plumes latérales de la queue se portent déja chez le mâle à un pouce au-delà de celle ci, tandis que chez la femelle on n'apperçoit encore aucun prolongement de ces brins.

Nous n'avons pas cru nécessaire de donner la figure du rollier à longs brins d'Afrique dans son jeune âge, parceque dans cet état il ressemble un peu à la femelle du rollier d'Europe, que nous avons beaucoup de raisons de considérer tout au moins comme une seconde race de la même espece. Nous renvoyons au surplus le lecteur à l'article du rollier vulgaire, où nous établissons les différences respectives ; ce qui le mettra à même de juger de la diversité ou de l'identité d'espece de ces oiseaux.

LE ROLLIER À VENTRE BLEU.

(N° 26.)

Ce rollier, que caractérise aussi un prolongement des deux plumes les plus
latérales de sa queue , étant le seul connu de sa tribu qui ait le ventre
bleu , nous avons cru devoir le distinguer par-là comme l'endroit le plus
saillant par où l'on puisse le reconnoître d'abord. Cette espece, absolument
nouvelle, habite l'isle de Java, d'où M. Temminck, d'Amsterdam, a reçu
directement l'individu que je possede, et qu'il a eu la bonté de me donner.
Nous regrettons que le défaut de renseignements sur les mœurs et les habitudes de cet oiseau ne nous permette pas d'en faire connoître l'histoire :
nous nous bornerons donc à donner une bonne figure et une description
détaillée de la belle et rare espece du rollier à ventre bleu, en attendant
que quelque voyageur éclairé veuille bien nous en apprendre davantage.

Ce rollier est à-peu-près de la taille de notre geai, ainsi qu'on le voit par
la figure de grandeur naturelle que nous en publions. Il a le bec et les
pieds absolument conformés comme ceux du rollier à longs brins d'Afrique,
mais plus forts en raison de sa taille. Les plumes du front se trouvent aussi
ici divisées par la mandibule supérieure en deux parties, qui se portent
jusques au bout des narines, où elles se terminent en pointe ; les narines
n'en étant cependant pas entièrement couvertes, on apperçoit très distinctement leur ouverture longue et étroite. Quoique, comme l'espece précédente, le rollier à ventre bleu ait la queue prolongée dans ses plumes latérales, il y a cependant chez lui ceci de particulier et de fort remarquable
que toutes les plumes intermédiaires de la queue y sont étagées de maniere
que les deux du milieu sont les plus courtes, et que chacune des autres est
un peu plus longue que celle qui la précede ; c'est-à-dire que la queue de
ce rollier est entièrement fourchue comme celle de nos hirondelles de
cheminées, si communes en Europe. Les ailes sont aussi plus amples et
plus longues dans l'espece dont nous parlons que dans le rollier à longs
brins. Elle est encore distinguée de ce dernier d'une maniere particuliere,
par la distribution de ses couleurs, car elles lui forment un habit tout différent du sien, quoiqu'elles soient en même nombre et de même nature dans
les deux especes. Toute la tête, le cou , et la poitrine, sont d'un roux
noisette, nué de verd, d'où résulte une teinte particuliere, variant du verd
au roux, et du roux au verd , suivant les incidences de la lumiere. Le

Le Rollier, à ventre bleu. N.° 26.

ventre, les flancs, la partie abdominale, les plumes des jambes, ainsi que les couvertures du dessus et du dessous de la queue, et tout le croupion, sont d'un bleu foncé qui prend beaucoup d'éclat lorsque l'oiseau se trouve exposé aux rayons directs de la lumiere. Les couvertures supérieures des ailes, y compris les petites pennes qui couvrent les tiges des premieres grandes pennes de celles-ci, sont aussi d'un bleu foncé. Les pennes alaires étant en partie vertes dans le milieu, et d'un beau bleu ensuite jusqu'à leurs pointes, qui sont noires, les ailes se trouvent coupées de verd et de bleu, mais d'une maniere moins réguliere que dans le rollier de l'article précédent. Les petites couvertures du bord des ailes et les barbes extérieures des trois plus grandes pennes étant vertes aussi, elles forment une bordure de cette derniere couleur, qui détache agréablement les ailes du corps dans l'état de repos. La queue est en dessus et en dessous d'un verd changeant, qui, regardé contre le jour, semble terne, mais qui en revanche, exposé à la lumiere, devient très brillant. On remarque au bout des pennes intermédiaires de la queue une belle nuance de bleu, et le bout prolongé de ses latérales est d'un noir bleuâtre. Le haut du dos et les scapulaires sont d'un brun olivacé ; de sorte que le manteau est tout entier de cette derniere couleur. Les couvertures du revers des ailes sont vertes ; le bec est noir ; les ongles sont d'un brun de corne, et les pieds gris-bruns. Quant aux yeux, nous n'en connoissons pas la couleur.

LE ROLLIER VARIÉ ou LE CUIT.

(N° 27 et 28.)

Cette belle espece de rollier se trouvant dans plusieurs cantons de l'Afrique, ainsi que dans une grande partie de l'Inde et des Moluques, nous avons cru pouvoir supprimer la dénomination de rollier de Mindanao, sous laquelle elle a été jusqu'ici généralement décrite, pour lui appliquer celle de rollier varié, qui lui convient mieux à raison de la bigarrure de son plumage; et comme on remarque quelques légeres différences dans les teintes du plumage entre les individus de l'espece qui habitent les Moluques et ceux qu'on trouve en Afrique, et dans une partie de l'Inde, nous avons aussi pensé qu'il étoit utile et même nécessaire d'en publier un de tué aux Moluques, et un autre que j'ai apporté du pays des Cafres, dont le climat est bien moins chaud que celui des Moluques. Ces deux sujets prouveront mieux par leur comparaison que ne pourroient le faire tous les raisonnements, que si la différence des climats en apporte un peu dans les couleurs, elle ne les change jamais totalement, et qu'elle influe bien moins encore sur les caracteres essentiels d'une espece: le préjugé contraire a fait commettre à l'un de nos plus grands écrivains des erreurs sans nombre dans les rapprochements qu'il lui a fait faire; erreurs que nous avons souvent eu occasion de réfuter par des preuves convaincantes, et en remettant à leur place beaucoup d'especes très différentes, qu'on nous avoit données pour de simples variétés de telle ou telle espece, quoique la plupart du temps elles n'appartinssent pas même à un même genre.

Nous allons donc décrire d'une maniere précise un individu de l'espece du rollier varié, que j'ai tué moi-même au cap de Bonne-Espérance, ou tout au moins à la côte est d'Afrique, dans la Cafrerie, canton où je l'ai trouvé ainsi que sous la même latitude à-peu-près, chez les grands Namaquois; et nous nous contenterons d'indiquer les différences qui existent entre les individus de la même espece apportés des Moluques. Remarquons que la même espece se trouve aussi au Sénégal, au Bengale, et à l'isle de Ceylan, et que les individus apportés de ces contrées sont absolument semblables à ceux du pays des Cafres, ce dont je me suis bien convaincu par une comparaison rigoureuse. Il n'est donc pas probable que la chaleur seule du climat opere quelque différence sensible dans les teintes du plumage des oiseaux, puisqu'au Sénégal il fait plus chaud que dans la partie

Le Rollier varié des Moluques. N.º 27.

Le Rollier, varié d'Afrique. N.º 28.

De l'Imprimerie de Langlois.

de la Cafrerie, où j'ai trouvé l'espece, et que, sous le rapport de la chaleur, le Sénégal doit avoir beaucoup d'analogie avec les Moluques ; de sorte que si la chaleur opéroit le changement dont nous parlons, les individus vivant au Sénégal devroient plutôt ressembler à ceux de la même espece vivant aux Moluques, qu'à ceux qui se trouvent vers la pointe sud de l'Afrique : mais, je le répete encore, c'est par préjugé qu'on attribue à l'ardeur du soleil la beauté des couleurs chez les oiseaux, et nous renvoyons le lecteur aux nombreux endroits où nous en avons donné les preuves, pour ne pas reproduire ici ce que nous avons dit ailleurs. Je crois enfin que si on pouvoit transporter en Europe et y acclimater les colibris, les cotingas, les tangaras, les sucriers, ou tous autres oiseaux brillants de couleurs; je crois, dis-je, qu'ils resteroient tout aussi beaux chez nous que dans leurs propres pays. Il est encore très vrai que les genres d'oiseaux riches de couleurs que nous avons en Europe, et qui se trouvent aussi dans les pays chauds, ne sont pas moins beaux en Europe que dans ces autres pays : notre martin-pêcheur, par exemple, le seul martin-pêcheur que nous ayons, est tout aussi vivement coloré qu'aucun des martin-pêcheurs des pays chauds; cet oiseau se plaît même dans les pays glacés. Nous n'avons aussi en Europe qu'un rollier et qu'un geai; mais certes, à moins de n'être bien prévenu, il est impossible de ne pas convenir qu'ils ne cedent pas en beauté aux especes du même genre des climats brûlants. Un autre vieux préjugé, que l'expérience détruit enfin chaque jour, étoit que les pays chauds n'avoient point d'oiseaux chanteurs; or nous avons prouvé, et d'autres l'avoient fait avant nous, que les oiseaux d'Afrique et d'Amérique qui appartenoient aux genres de nos oiseaux chanteurs, y chantoient tout aussi bien que leurs congéneres en Europe. Mais sur quoi les préjugés n'ont-ils pas étendu leur empire chez les peuples civilisés, et à combien d'erreurs n'ont-ils pas donné lieu !

Le rollier varié mâle est à-peu-près de la taille de notre geai ; il a, comme ce dernier, la tête très grosse et toutes les formes du corps absolument les mêmes que lui, tandis que son bec a précisément celles des deux especes de rolliers que nous avons précédemment décrites. Le dessus de sa tête est couvert d'une calotte d'un verd terne, qui s'éclaircissant sur la partie voisine des yeux, lui forme deux especes de sourcils verd aigue-marine: les plumes du front qui se portent sur les narines, sont d'un roux clair, ainsi que celles du dessous du bec : les joues et tout le devant du cou sont d'un violet clair; mais toutes les plumes de ces parties ont un trait blanc roussâtre, longitudinal dans leur milieu, et tirant toujours plus au roux à mesure qu'elles descendent vers la poitrine ; de sorte que ces plumes offrent une agréable marqueterie: le bas de la poitrine jusqu'au milieu du sternum est d'un roux violâtre : le bas-ventre, les plumes des jambes, la partie abdominale, et les couvertures de la queue, ainsi que toutes celles du revers des ailes, sont d'un verd aigue-marine, ou verd-de-gris; couleur que je vois souvent donnée pour bleue par différents naturalistes, ce qui a plus d'une fois occasionné des erreurs chez les compilateurs, qui travaillant sans voir les objets en nature, s'attachent aux mots plutôt qu'à la chose, et multiplient fort gratuitement les especes. Je crois, quant à ces couleurs équivoques qu'il est si difficile d'exprimer par des mots, qu'on pourroit en donner une idée plus juste en les désignant comme on désigne assez généralement le verd sombre, par *verd canard*, et qu'ainsi on désigneroit fort bien l'aigue-marine ou verd-de-gris, dont il est ici question par *verd rollier*, puisque presque tous les rolliers se trouvent en avoir plus ou moins sur leur plumage. Le derriere et le bas des côtés du cou ont dans notre rollier varié une teinte vineuse, qui dégénere insensiblement vers le dos en un verd gris, nué de roussâtre, qui est la couleur de toutes les plumes scapulaires, et des dernieres pennes alaires les plus proches du corps ; en sorte que l'oiseau paroît avoir un manteau de cette derniere couleur. Les petites couvertures du poignet des ailes sont bleu foncé violâtre, et les suivantes du verd du dessus de la tête, mais fondu avec du bleu ; les plus grandes sont terminées par le même verd qui occupe le dessous du corps. Les petites pennes qui couvrent les tiges des grandes pennes des ailes sont aussi du verd du dessous du corps. Les pennes des ailes sont gros bleu dans leur milieu, puis verd aigue-marine, et enfin bleues à leurs pointes : elles se trouvent ainsi coupées irrégulièrement par toutes ces différentes couleurs, dont l'ensemble offre un aspect très agréable, et que le lecteur ne pourra bien apprécier qu'en consultant les figures parfaites que nous donnons de ce magnifique oiseau. Le croupion et les couvertures des ailes, sont du même bleu que celui des ailes. Quant à la queue, dont toutes les pennes sont d'égale longueur, elle a ses deux intermédiaires de la couleur du manteau, et toutes ses latérales bleu violâtre à leur naissance, verd aigue-marine dans leur milieu, et terminées par du bleu : elle est ainsi coupée par trois bandes transversales parallèles, dont deux bleues qui touchent au verd de celle du milieu, et qui étant elles-mêmes divisées en sens contraire en deux parties égales par les deux plumes du milieu, et de couleur différente de celle des autres, font qu'elle présente de chaque côté en-dessus trois compartiments d'un très bel effet. Les pennes des ailes et de la queue ont leur revers des mêmes couleurs que leur dessus : le bec est noir : les pieds sont roussâtres, et les yeux d'un brun maron.

La femelle du rollier varié est un peu plus petite que le mâle ; le roux qui couvre les narines de ce dernier s'étend davantage sur le front chez elle, et y a un ton plus blanchâtre ; les joues et le devant du cou y sont moins lustrés de violet, mais en revanche les bandes blanches longitudinales des plumes de ces parties y sont plus larges et plus apparentes ; le roux de la poitrine s'y étend aussi plus bas, et arrive jusqu'aux cuisses :

les autres couleurs enfin ont ici une teinte moins vive, quoique semblables à celles du mâle et distribuées de la même maniere que les siennes.

Nous avons pensé qu'il étoit inutile de donner la figure de cette femelle, dont on peut facilement se faire une idée par la description que nous venons d'en faire.

Pour le jeune âge, le rollier varié y est si différent de ce qu'il est adulte, que nous avons cru devoir consacrer l'article suivant à le décrire et à le figurer dans cet état, pour qu'il ne plaise point aux naturalistes d'en faire une espece particuliere.

Le rollier varié se plait en Afrique dans les bois: il construit son nid sur la tête du tronc des plus grands arbres, et le compose en dehors des mêmes matieres que celles qu'emploie le rollier à longs brins, son congénere; mais le dedans il le garnit de plumes: la ponte est de quatre œufs roussâtres. Ces oiseaux sont très farouches et de difficile approche pour le chasseur, quoique naturellement fort curieux. Leur cri d'effroi est aussi absolument le même que celui de notre geai d'Europe, dont ils ont encore, au point de s'y méprendre, le vol, les attitudes, et tous les mouvements: ils se nourrissent de fruits et d'insectes. Mon fidele compagnon de voyage Klaas, m'apporta un jour une nichée entiere de quatre de ces rolliers variés, qu'il avoit pris, après avoir tué le pere et la mere: je les nourrissois de jaunes d'œufs d'autruche cuits, qu'ils me paroissoient manger avec plaisir; ils devinrent cependant d'une maigreur extrême, et moururent au bout de huit ou dix jours. Cette espece n'est que de passage dans la partie d'Afrique où je l'ai trouvée, et n'y est pas même très commune; elle arrive au commencement de l'été, et repart lorsque la saison des fruits est passée, et que les jeunes sont en état de suivre les vieux. J'ai remarqué que tous les oiseaux qui sont de passage en Afrique arrivent et partent dans les mêmes saisons, ceux du moins qui y font un long séjour.

En comparant la figure de l'individu de l'espece du rollier varié qui habite les Moluques, et qu'on trouve représenté n° 27 de nos planches, à celle de l'individu apporté d'Afrique, n° 28, le lecteur s'appercevra facilement que toutes les parties du cou, qui dans ce dernier n'ont qu'une teinte violette purpurine, sont dans le premier d'un beau violet pourpre, et que les autres couleurs y sont aussi plus vives et plus prononcées, quoiqu'en général elles soient absolument distribuées de la même maniere dans l'un et dans l'autre. Quant aux formes, pas la moindre différence.

L'individu que nous avons fait peindre fait partie du cabinet de M. Raye de Breukelerwaert, à Amsterdam: j'ai vu encore beaucoup d'autres individus de la même espece dans différents autres cabinets, et qui tous proviennent des Moluques.

Il ne nous reste plus qu'à décrire le jeune âge du rollier varié, pour avoir complété l'histoire de cette belle espece.

LE ROLLIER VARIÉ DANS SON JEUNE ÂGE.

(N° 29.)

Le rollier varié diffère beaucoup dans son jeune âge de ce qu'il est dans
l'état parfait, ainsi que nous l'avons déja dit, et que nous allons le prouver
par la description et la figure que nous publions ici. On reconnoîtra cependant dans les deux états que l'oiseau y a les mêmes caracteres et les mêmes
proportions, les pennes de la queue coupées de la même maniere, les
tarses courts, la même forme de bec, la même longueur d'ailes, etc.; avec
un peu d'attention on y trouvera aussi beaucoup d'analogie dans les couleurs les moins éclatantes, qui sont celles qui poussent les premieres. Mais,
comme j'ai observé l'espece dans son état de nature, et que j'ai élevé les
jeunes pris dans leur nid après que le pere et la mere en avoient été tués,
il ne peut y avoir aucun doute sur l'identité d'espece ici, puisque ce n'est
pas sur de simples conjectures que nous l'établissons.

Les jeunes oiseaux de l'espece du rollier varié ont les petites plumes du
front blanches, ainsi que celles qui recouvrent les narines; cette couleur
se prolongeant au-dessus des yeux, forme à ceux-ci des especes de sourcils,
et se remontre encore autour de la base du bec et sur la gorge, encadrant
ainsi toute la face de l'oiseau. Le sommet de la tête est d'un roux clair
vineux, qui se fonce davantage sur le derriere et les côtés du cou. Les
joues, le devant du cou, la poitrine, et tout le dessous du corps, y compris
les flancs, sont d'un roux nué de violet; mais les plumes de ces parties portent toutes un trait longitudinal blanc dans le milieu, lesquels traits deviennent toujours plus larges à mesure qu'ils approchent des parties basses.
Le bas-ventre est d'un blanc roux: le manteau et les plumes intermédiaires
de la queue sont d'un verd terne olivâtre, teinté de roux clair: les couvertures du dessus des ailes sont d'un roux violâtre, et celles formées en
petites pennes, qui recouvrent le pied des grandes pennes alaires, sont
bleues: ces dernieres, à l'exception des trois premieres qui ont une bordure verte sur leurs barbes extérieures, sont violâtres à leur naissance,
et bleues ensuite jusqu'à leurs pointes, qui sont noires. Les cinq premieres plumes de chaque côté de la queue sont d'un bleu violet, légérement nuancé de verd. Les couvertures du dessous des ailes sont d'un
roux violâtre et tachées de blanc. Les pennes des ailes de la queue ont

Le Rollier varié d'Afrique, jeune âge. N.º 29.

leur revers de la même couleur que leur dessus. Le bec est brun, et les pieds sont roux.

L'individu que nous avons fait servir à cette description étoit un jeune mâle, sexe qu'on reconnoît déjà à cet âge au ton plus violâtre qui se trouve répandu sur les plumes dans l'espece du rollier varié.

LE ROLLIER À MASQUE NOIR.

(N° 3o.)

Rien de plus simple et de plus uniforme que le vêtement du rollier dont nous faisons le sujet de cet article, et qui par-là diffère essentiellement des autres espèces de son genre, toutes distinguées par des couleurs plus ou moins éclatantes, dont on ne retrouve ici aucune trace. Nous avons tiré le surnom que nous donnons à cette espèce, absolument nouvelle, d'un masque noir qui lui couvrant la face, s'étend ensuite sur tout le devant du cou, qu'il embrasse entièrement : cette dénomination lui convient au mieux, et servira toujours à le faire reconnoître, puisqu'il est le seul de tous les rolliers connus jusqu'à ce jour qui ait cette marque distinctive.

Le rollier à masque noir étant représenté de grandeur naturelle dans la figure coloriée que nous en donnons, nous ne parlerons pas de ses dimensions. Son bec a les formes de celui des espèces que nous avons précédemment décrites, à ceci près cependant que la mandibule supérieure s'arque un peu plus ici sur son arête, laquelle est aussi un peu moins arrondie sur ses surfaces : les plumes des narines se portent jusqu'au bout de celles-ci, qu'elles cachent entièrement : les pieds sont courts, robustes, et les doigts forts. Tous ces caractères que cet oiseau partage avec toutes les espèces de sa tribu, joints à cet air de famille si facile à saisir pour des yeux exercés, ne laissent aucun doute sur la place que la nature lui a assignée. Ses ailes ployées, ou dans l'état de repos, vont jusqu'au-delà du milieu de la queue, dont les plumes sont toutes étagées entr'elles : le front jusques vers le milieu du dessus de la tête, la partie comprise entre les yeux et le bec, et ensuite toute la gorge jusqu'aux deux tiers passé de la longueur du cou par devant, sont d'un noir pur. Le sommet de la tête, le reste du cou, le dos, les scapulaires, le croupion, les couvertures du dessus de la queue, toutes celles du dessus des ailes, la poitrine, les flancs, le ventre, et les couvertures du dessous de la queue, tout le plumage enfin, à l'exception des pennes des ailes et de celles de la queue, sont d'un joli gris bleuâtre nuancé d'une légère teinte purpurine : cette couleur cependant est un peu plus foncée sur les parties hautes que sur le dessous du corps, et blanchit vers le bas-ventre, ainsi que sur les couvertures du dessous de la queue. Toutes les couvertures du dessus des ailes, à l'exception du second rang de petites pennes qui couvrent les tiges noires des grandes, sont du

Berneland pinx.   De l'Imprimerie de Rousset.   Grémillier sculp.

gris purpurin du dos : les pennes de l'aile sont noires intérieurement,
ainsi que celles de la queue, qui de plus sont frangées de gris à leur
extrémité : les couvertures du dessous des ailes sont d'un blanc gris ; le
bec d'un gris bleuâtre à sa base et noir vers la pointe : les ongles sont
noirs aussi, et les pieds brun-roux. Nous ne connoissons pas la couleur
des yeux, n'ayant vu aucun individu vivant de cette espece, très rare
encore, et qui fait partie du magnifique cabinet de M. Temminck, d'Amsterdam, seul cabinet où je l'aie vue. M. Temminck m'a assuré que l'individu qui a servi à cette description lui avoit été envoyé du Cap de
Bonne-Espérance. Si ce rollier n'a pas été envoyé d'un autre endroit au Cap,
j'avoue que cette espece auroit échappé à mes recherches dans cette partie du
globe ; ce qui au reste ne seroit pas surprenant, puisque les rolliers n'étant
que des oiseaux de passage au Cap, il suffiroit que je me fusse arrêté dans
le canton où il arrive, précisément dans la saison où il en seroit parti,
pour que nous n'eussions pas pu nous rencontrer.

LE ROLLIER VERD.

(N° 31).

Voici encore une espece nouvelle, qui paroît se rapprocher beaucoup du rollier vulgaire, mais dont il diffère cependant assez pour former une espece distincte et séparée. Nous ne connoissons pas le pays natal de cet oiseau, du moins le canton de l'Inde d'où il a été importé en Europe par M. Poivre, voyageur zélé pour les progrès de l'histoire naturelle, et à qui cette science doit beaucoup par la grande quantité d'especes qu'il nous a fait connoître, et qu'il avoit rassemblées dans ses longs voyages, entrepris par ordre du gouvernement pour un but plus utile encore, et qu'il a rempli avec cette intelligence qui caractérise les grands hommes.

Ce rollier, que nous appelons *verd*, parceque le verd est en effet la couleur dominante de son plumage, a tous les caracteres et toutes les formes du rollier vulgaire, dont nous donnons la description dans l'article suivant; mais il est un peu moins fort de taille que lui, comme on le verra en comparant les figures de grandeur naturelle que nous donnons de l'un et de l'autre : il a les plumes du front jusqu'aux yeux, ainsi que celles qui avoisinent la base du bec et la gorge, d'un blanc roussâtre : la tête, le cou, le haut du dos, toutes les plumes scapulaires, les plumes alaires les plus proches du corps, et généralement toutes leurs couvertures supérieures sont d'un verd aigue-marine : toutes les plumes du dessous du corps, depuis le blanc roussâtre de la gorge jusqu'au bas-ventre, sont aussi verd aigue-marine, mais d'un ton plus clair, et qui, prenant une nuance blanche vers le bas-ventre, devient enfin d'un blanc légèrement teint du même verd sur les couvertures du dessous de la queue : les six premieres grandes pennes alaires sont d'un beau bleu violâtre; les suivantes sont de plus légèrement bordées de verd à leurs pointes : les plumes du croupion et les couvertures du dessus de la queue sont d'un verd bleuâtre, ainsi que les deux plumes intermédiaires de celle-ci, bleues par-tout ailleurs tant en-dessus qu'en-dessous, où ce bleu est cependant un peu plus clair : le bec est noir, et les pieds sont roux.

Le Rollier verd. $n°31$.

L'espece du rollier verd est encore très rare. Le seul individu que j'en aie vu fait partie de mes collections, et me vient du cabinet de feu M. Aubri, curé de Saint-Louis à Paris. Je l'acquis à la vente qui fut faite de ce cabinet à la mort du propriétaire, lequel m'avoit assuré de son vivant le tenir de M. Poivre, qui l'avoit apporté des Indes orientales.

LE ROLLIER VULGAIRE MÂLE.

(N° 32.)

Ce rollier, qui se trouve dans une grande partie de l'Europe ainsi que
dans le nord de l'Afrique, et même dans une partie de l'Inde, a des rapports si directs avec celui que j'ai décrit sous le nom de rollier à longs
brins, que la plupart des naturalistes ne les ont regardés jusqu'ici que
comme variétés l'un de l'autre, quoique, par les raisons que nous allons
en donner, on puisse les regarder comme deux races d'une même espece,
si même d'après ces raisons on ne doit pas plutôt les considérer comme
formant deux especes distinctes. Sans rien préjuger à cet égard, nous
indiquerons ici ce que ces deux oiseaux ont de commun et de différent,
afin de mettre les ornithologistes à même de prononcer sur la question
de savoir s'il faut les réunir ou les séparer.

Les caracteres primordiaux, c'est-à-dire le bec, les pieds, et généralement
toute la structure du corps, sont absolument semblables dans ces deux
rolliers; les couleurs en général y sont aussi les mêmes, quoique beaucoup
moins éclatantes dans le rollier vulgaire que dans celui à longs brins. Les
différences sont que le rollier vulgaire est un peu plus fort de taille que ce
dernier; mais son bec, quoique plus grand et plus épais, et ses ailes, quoique
plus longues que ne le sont ces mêmes parties dans celui-ci, n'offrent cependant rien d'assez extraordinaire pour qu'on doive l'en séparer totalement,
puisqu'il est naturel que celui des deux oiseaux qui est le plus petit ait
aussi toutes ces parties moindres qu'elles ne sont chez l'autre. Le rollier
vulgaire a du blanc, ainsi que le rollier à longs brins, autour des narines
et sous la gorge; mais ce blanc est moins étendu et moins pur chez
lui que chez l'autre, et le bleu du haut des ailes, qui forme une large
bande sur le poignet de celles du rollier à longs brins, ne fait ici que
dessiner les contours de cette partie: toutes les couvertures des ailes y
sont aussi beaucoup plus grandes et plus larges. Les pennes des ailes du
rollier vulgaire ne sont en général en-dessus que d'un noir-brun imprégné
d'une teinte bleue; les premieres ou les plus grandes sont cependant de
plus bordées de verd bleuâtre sur leurs côtés, et les suivantes de roussâtre à leur pointe; le revers de ces mêmes grandes pennes est d'un beau
bleu azuré: or nous avons vu que les pennes alaires du rollier à longs
brins sont d'un beau bleu en-dessus et en-dessous, qu'elles ne portent de

Le Rollier vulgaire, mâle. n.º 32.

bordure qu'à leur pointe, et que cette bordure est noir-brun. Ce dernier a aussi, comme nous l'avons dit en son lieu, le croupion et les couvertures du dessus de la queue bleus; tandis que le rollier vulgaire n'a que le croupion de bleu, puisque les couvertures supérieures de sa queue sont vertes; d'autres différences dans la queue sont que cette partie chez le rollier vulgaire a beaucoup moins de bleu et plus de verd aigue-marine en-dessus que chez le rollier à longs brins, les deux pennes intermédiaires étant dans le premier d'un verd terne, roussâtre, ou olive. Toutes les latérales, qui dans leur milieu sont du même verd que chez l'autre oiseau, n'ont du verd aigue-marine qu'à leur extrémité, avec une légere nuance bleue sur les bords extérieurs des plus latérales de ces pennes, et du bleu foncé à la pointe de la derniere de chaque côté, qui débordent de quelques lignes seulement celles qui les précedent: ces deux pointes débordant un peu les autres pennes de la queue, montrent à la vérité dans le rollier vulgaire une sorte de tendance à s'étendre davantage et à former des brins alongés comme ceux du rollier que nous avons nommé à longs brins à cause de ce caractere; mais on conviendra qu'il y a une grande différence à l'égard de ce prolongement dans ces deux oiseaux. On a pensé, on a même pu croire que la chaleur du climat pouvoit produire cette extension extraordinaire; mais si cela étoit, pourquoi en Italie, en Espagne, où le rollier vulgaire se trouve, les individus de cette espece qu'on en apporte n'ont-ils pas les deux plumes latérales de leur queue plus longues que les individus qui nous viennent du nord de l'Europe? pourquoi les individus de cette même espece qui habitent les Indes orientales, où il fait aussi chaud qu'en Afrique, n'ont-ils pas plus de prolongement à la queue que ceux qui vivent dans le nord et dans le midi de l'Europe? De sept rolliers vulgaires que j'ai eus de M. Temminck, d'Amsterdam, qui les avoit reçus des Indes orientales dans l'esprit-de-vin, et qu'il eut la bonté de m'envoyer à Paris, aucun n'avoit la queue plus prolongée que ceux qu'on trouve en Europe: la chaleur n'influe donc en rien sur l'extension des plumes d'un oiseau: ce qui le prouve encore c'est que les perruches à longue queue, qu'on nous apporte des pays chauds, bien loin de perdre à la longue quelque chose à cet égard, y gagnent au contraire. Cependant, si toutes les différences que nous venons d'indiquer entre le rollier à longs brins et le rollier vulgaire ne peuvent constituer deux especes, en voici une dans la forme des ailes, qui a échappé à tous les naturalistes, et qui peut-être les déterminera à séparer ces deux oiseaux: chez le rollier à longs brins la premiere grande penne des ailes est un peu plus courte que les seconde et troisieme, qui sont égales entre elles; la quatrieme est un peu plus courte que celles-ci, la cinquieme et les suivantes décroissent également un peu jusqu'à la neuvieme; après quoi les autres sont toutes absolument égales entre elles; de sorte que le derriere des ailes se trouve coupé carrément chez ce rollier. Chez l'autre les

neufs premieres grandes pennes des ailes ont absolument les mêmes proportions que dans le rollier à longs brins; mais les suivantes, au lieu d'y
être égales entre elles comme chez celui-ci, vont toutes en croissant à mesure qu'elles approchent du dos; c'est-à-dire que la derniere de toutes ces
pennes a ici un pouce et demi de plus que la neuvieme, qui est la plus
courte, et qu'elle atteint à la quatrieme grande penne quand les ailes sont
ployées. Ces deux oiseaux ont donc, comme on le voit les ailes coupées
d'une maniere bien différente: ainsi, en n'ayant même aucun égard à ce que
le rollier vulgaire se trouve aux Indes absolument tel qu'il est en Europe,
puisqu'on peut objecter que les individus qu'en avoit reçus M. Temminck
pouvoient bien avoir été importés d'Europe aux Indes, et avoir ensuite
été rapportés des Indes en Europe; on ne peut admettre, je pense, que
d'un côté la chaleur du climat ait donné une plus grande extension aux
deux plumes latérales de la queue, et raccourci les plumes alaires, tandis
que de l'autre le froid auroit au contraire raccourci les plumes de la queue,
et alongé celles des ailes dans la même espece; une telle maniere de voir,
si elle étoit adoptée, renverseroit toutes les idées, et mettroit en doute les
vérités les mieux établies. Le rollier vulgaire nous fournit encore la preuve
que l'ardeur du soleil n'influe pas autant qu'on l'a pensé sur les couleurs,
puisque c'est le revers des pennes de ses ailes ainsi que celui des plumes
de sa queue, par conséquent les parties qui sont le moins exposées aux
rayons brûlants de cet astre qui sont le plus vivement colorées en bleu.

Nous croyons en avoir dit assez pour avoir mis les naturalistes dans le
cas de prononcer sur l'identité ou la diversité d'espece du rollier vulgaire
et du rollier à longs brins. Il ne nous reste plus qu'à décrire dans l'article
suivant la femelle du rollier vulgaire.

Quant aux mœurs de cet oiseau, nous ne pouvons en dire que bien peu
de chose, c'est-à-dire que ce que les autres en ont dit avant nous; car je
n'ai pas été à portée de l'étudier dans les pays qu'il habite plus particulièrement. A l'égard de ses migrations, nous savons qu'il passe en automne dans
la Lorraine; du moins, pendant mon séjour à Lunéville, un garde-chasse
m'apporta un individu mâle de l'espece, qu'il avoit tué dans une forêt voisine, où il en avoit rencontré, me dit-il, une grande bande: on m'a assuré
aussi qu'on en voyoit de temps en temps aux environs de Paris; mais il
faut observer que les oiseaux qui vivent dans l'épaisseur des forêts échappent souvent aux savants, qui rarement courent les bois pour y observer
la nature, qu'ils trouvent plus commode d'étudier dans les cabinets, laissant ceux qu'ils dénigrent souvent leur aller chercher des matériaux neufs
à ranger méthodiquement: aussi remarque-t-on que ce sont toujours ces
observateurs de dépouilles d'animaux qui sont le plus opiniâtrément
attachés aux méthodes, et même les seuls qui les aient imaginées: mais,
ce qui est encore plus extraordinaire à l'égard de ces méthodes, c'est de
voir les conchiologistes classer aussi les animaux à coquille seulement

d'après les maisons qu'ils habitent; car qu'est-ce autre chose qu'une demeure ou une maison que cette partie calcaire qui enveloppe l'animal et qu'on nomme coquille? or ne seroit-il pas plaisant de voir un habitant du pole austral, par exemple, qui arriveroit en Europe, dont je suppose pour un instant tous les habitants détruits, tandis que toutes les villes seroient restées intactes avec leurs édifices; ne seroit-il pas plaisant, dis-je, de voir cet homme chercher à nous classer, nous autres Européens, par especes et par genres, d'après l'aspect et la couleur de nos différentes demeures? Je doute qu'un tel observateur, en voyant un des hauts palais de nos grands comparé à l'humble chaumiere de l'indigent, pensât que l'homme qui habitoit l'un fût de la même espece que celui qui habitoit l'autre? De quels secours peuvent donc être les systèmes et les classifications méthodiques pour la connoissance des animaux, si l'on n'a étudié les animaux eux-mêmes, si l'on n'a comparé les rapports qu'ils ont entre eux par leurs formes, leurs mœurs, leur accroissement, etc., etc?

FEMELLE DU ROLLIER VULGAIRE.

(N° 33.)

La femelle du rollier vulgaire diffère de son mâle en ce qu'elle lui est un peu inférieure par sa taille; elle en diffère encore et davantage par ses couleurs qui, quoiqu'en général les mêmes sur les parties supérieures du corps, y sont cependant d'une teinte moins vive: chez elle le devant du cou est d'un verd nué de roux, et la poitrine et les flancs y ont une teinte plus décidément roussâtre; de sorte qu'on la reconnoît d'abord à cette dernière couleur: toutes les plumes de sa queue sont égales entre elles sans le moindre prolongement aux extérieures. Nous regrettons de ne connoître ni le mâle ni la femelle du rollier vulgaire dans son jeune âge; ce qui, avec la nidification et la couleur des œufs, que nous ne connoissons pas non plus, en auroit complété l'histoire, et auroit entièrement résolu la question sur l'identité ou la diversité d'espece du rollier vulgaire et du rollier à longs brins, si cependant elle paroissoit ne l'être pas encore par les différences que nous avons établies entre l'un et l'autre.

Les faits relatifs aux mœurs du rollier dont il est ici question, et qu'on a nommé indistinctement geai de Strasbourg, pie de mer ou des bouleaux, et même perroquet d'Allemagne, se réduisent à ce qu'il niche sur les arbres, et de préférence sur les bouleaux. Le docteur Shaw, qui a observé cet oiseau dans le nord de l'Afrique, où il se trouve en effet, et où on le nomme *sahga-rag*, assure qu'il y niche dans des trous pratiqués le long des berges des rivieres. Un autre fait, attesté par un chasseur qui a assuré à M. Godeheu avoir vu sortir d'une butte de terre un de ces rolliers, qui y avoit fait son nid et pondu deux œufs, dont on ne dit pas la couleur, contrediroit un peu l'observation de Shaw, attendu que les oiseaux qui nichent dans les berges, où ils sont à l'abri des petits animaux carnassiers, ne nichent pas pour cela dans des trous à plate terre. Klein a dit aussi que les petits de notre rollier vulgaire, contre l'ordinaire des autres oiseaux, font leurs excréments dans le nid; ce qui a fait croire à d'autres que ce nid étoit enduit d'excréments humains, ainsi que, par erreur, on l'avoit déja dit de celui de la huppe. Schwenck-Feld et Willughby ont aussi rapporté qu'on voyoit l'espece du rollier vulgaire se réunir aux pies et aux corneilles dans les terres labourées, pour y ramasser des grains, des racines, des vers, et que même elle se rabattoit sur les charognes; d'autres

Le Rollier vulgaire, femelle. n.º 33.

De l'Imprimerie de Rousset.

l'ont vue manger des sauterelles, des scarabés, et même des grenouilles ; il en est enfin qui disent qu'elle se nourrit de baies. On conviendra que, d'après des faits si contradictoires, le mieux est d'attendre de nouveaux renseignements et de meilleures observations sur les mœurs et les habitudes de notre rollier vulgaire.

LE GRAND ROLLE VIOLET.

(N° 34.)

Les rolliers dont il nous reste à parler, différant essentiellement par les caracteres du bec de ceux que nous avons précédemment décrits, nous avons cru qu'il étoit aussi nécessaire de tirer entre eux et ces derniers une petite ligne de démarcation, en nommant rolles ceux dont il va être question; nom que porte au reste déja dans les planches enluminées de Buffon l'espece qui fait le sujet de cet article, et à laquelle nous appliquons l'épithete de *grand*, pour le distinguer d'une autre espece ou variété qui en differe, non seulement par sa taille, moindre de moitié, mais encore par d'autres caracteres que nous indiquerons en son lieu.

Les rolles different donc des rolliers proprement dits en ce qu'ils ont le bec plus court, plus épais, sur-tout beaucoup plus large, et par conséquent la bouche bien plus ample que ceux-ci ; c'est que, destinés sans doute par la nature à entamer des fruits plus durs ou plus gros, et à dévorer des insectes plus robustes, il falloit qu'elle leur donnât les facultés nécessaires à cette fin. Ces oiseaux different encore les uns des autres en ce que les rolles ont les ailes plus longues que les rolliers proprement dits.

L'espece du grand rolle habite plus particulièrement Madagascar ; tous les individus du moins que nous en ayons vus avoient été apportés de ce pays, et c'est, je crois, par MM. Poivre et Sonnerat, qui les premiers nous la firent connoître à Paris sous le nom de rollier de Madagascar, que lui a conservé Buffon dans sa description. Cette espece se distingue d'abord de tous les autres rolliers par les caracteres que nous avons indiqués, mais sur-tout par la distribution de ses couleurs ; car, quoiqu'elle n'ait comme eux que du roux, du verd aigue-marine, du bleu, et du violet, cette derniere couleur occupe chez elle une telle étendue, qu'elle y est dominante, ce qui n'a lieu dans aucun autre des rolliers que nous connoissons, et nous a déterminés à lui appliquer le nom de rolle violet ; d'autant plus qu'il est très probable que cette espece n'habite pas exclusivement l'isle de Madagascar : le bec est épais, large et fort ; la mandibule supérieure en est arquée et courbée à sa pointe, de maniere que l'inférieure vient s'y emboîter : les plumes du front se portent sur les narines, qu'elles ne couvrent cependant pas entièrement, car on en apperçoit l'ouverture *longue* et

Le grand Rolle Violet . N.º 34.

étroite; la tête est grosse et largement emplumée, sans présenter cependant l'apparence d'une huppe; les tarses sont courts, recouverts d'écailles, et les pieds offrent tous les caracteres de ceux des autres rolliers; la queue est à-peu-près de la longueur du corps, non compris le cou, et elle est un peu fourchue; les ailes ployées s'étendent jusqu'aux trois quarts de la longueur de celle-ci. Quant aux couleurs, le dessus de la tête et le derriere du cou sont d'un roux violacé, formant une nuance particuliere qui joue du roux pur au violet, et du violet au roux, suivant les incidences de la lumiere; le dos et les plumes scapulaires, fort longues, sont, ainsi que toutes les couvertures du poignet des ailes, d'un roux approchant de celui de l'acajou poli; les grandes couvertures et toutes les pennes des ailes sont d'un beau bleu-violet; les joues, la gorge, le devant et les côtés du cou, la poitrine, les flancs, les plumes des jambes, sont d'un beau violet pourpré; et le bas-ventre, les couvertures du dessus et du dessous de la queue d'un verd aigue-marine: cette derniere, à l'exception de ses deux pennes intermédiaires, qui sont d'un verd brun olivacé, et d'une bande bleue qu'elle porte à son extrémité, est entièrement du même verd aigue-marine que ses couvertures: à l'égard de cette bande bleue, nous remarquerons seulement qu'elle est plus large au milieu de la queue que sur ses bords: le bec est d'un jaune citron, et les pieds sont d'un brun rougeâtre.

Nous avons vu dans différents cabinets plusieurs individus du grand rolle violet qui tous se rapportoient exactement à la description que nous venons de faire de celui dont on trouve la figure de grandeur naturelle en tête de cet article, et qui fait partie du cabinet de M. Dufrêne à Paris. Cependant un de ces individus, que j'ai observé chez M. Raye de Breukelerwaert à Amsterdam, avoit l'extrémité des pennes de la queue d'un bleu pâle mêlé d'une forte teinte roussâtre; les pennes de ses ailes étoient aussi bordées de roux à leurs pointes, et leurs grandes couvertures de même, ainsi que les scapulaires. Cet individu m'a offert tous les caracteres d'un oiseau qui passe du jeune âge à l'âge fait.

Nous sommes fâchés que la pénurie des renseignements sur la belle espece du grand rolle nous laisse dans l'impossibilité d'en compléter l'histoire en faisant connoître les différences qui se trouvent entre les sexes: nous observerons seulement que, d'après toutes les lois de la nature, il est probable que la femelle a beaucoup de rapport avec l'individu dont nous avons parlé plus haut, et qui, j'en suis sûr, n'est qu'un jeune mâle passant de l'état de l'enfance à celui de l'âge mûr.

Latham, qui a décrit cette espece sous le nom d'*African roller*, l'a tellement rendu méconnoissable par sa description, que Dandin et Sonnini ne l'ayant pas reconnu pour être le même oiseau que leur rollier de Madagascar, en ont fait une espece différente; le premier sous le nom de *rollier d'Afrique,* et le second sous celui de *rollier rouge,* parcequ'en effet Latham a désigné le roux du dessus du corps de cet oiseau comme étant d'un rouge de brique, et le violet pourpré du dessus *rouge pourpré:* tel est l'effet inévitable des descriptions inexactes et tronquées dont je ne cesse de me plaindre. Les deux naturalistes français sont d'ailleurs d'autant plus excusables de n'avoir pas reconnu ce prétendu rollier rouge de brique, décrit par Latham, que ce dernier avoit déja lui-même fait une seconde espece du rollier de Madagascar, rapporté dans son Système ornithologique sous le nom de *coracias Madagascariensis:* au reste ces erreurs, je le répete, auront toujours lieu tant que les naturalistes ne travailleront que sur les livres les uns des autres, et qu'ils ne connoîtront pas par eux-mêmes les especes dont ils voudront parler.

Le petit Rolle Violet. n.º 35.

LE PETIT ROLLE VIOLET.

(N° 35.)

Ce petit rollier, le plus petit de tous ceux que nous connoissions encore, ressemble tellement par ses couleurs à celui de l'article précédent, qu'il est bien difficile, j'en conviens, de ne pas le considérer comme formant tout au moins une seconde race de la même espece. Nous avons cependant des exemples d'oiseaux qui se ressemblent encore plus que ceux-ci, et qui n'en different pas moins, non seulement d'espece, mais même de genre. Nous nous bornerons ici à établir les caracteres respectifs de nos deux rolliers, laissant les naturalistes décider eux-mêmes si le petit rolle n'est qu'une variété du grand, ou s'il doit être considéré comme formant une espece distincte: mais comme les naturalistes ne se sont pas bien expliqué jusqu'à ce moment sur ce qu'ils entendent par variété d'une espece, et qu'il regne par conséquent à cet égard beaucoup de différence dans leurs opinions, je saisirai cette occasion pour dire ce que j'entends par *seconde race* et par *variété* d'une espece; je me vois même d'autant plus engagé à cette sorte d'explication, que je me suis plus d'une fois apperçu que sur ce point les opinions des autres n'étoient pas les miennes, et que pour s'accorder il faut avant tout s'entendre.

J'entends par *variété* d'une espece un individu qui, quoique de couleurs différentes de celles propres à l'espece, provient cependant de cette même espece et a été engendré par elle; ainsi les individus tout blancs ou tachetés de blanc, qu'on trouve souvent de toutes nos especes d'oiseaux d'Europe, comme la pie blanche, la pie café au lait, la pie tachetée de blanc, le geai blanc, la bécasse blanche, le merle blanc, etc., etc., tous ces individus ne sont que des variétés de l'espece de la pie, de l'espece du geai, de celles de la bécasse, et du merle d'Europe, puisqu'ils proviennent de ces mêmes especes, et qu'ils ont été engendrés par elles: je les appellerai donc variétés des especes auxquelles ils appartiennent respectivement, mais variétés *accidentelles*, pour les distinguer d'une sorte de variété que nous nommons variété d'*âge:* celle-ci est constante, et tous les individus d'une espece y sont assujettis; car il n'est point d'oiseau qui dans le jeune âge n'offre plus ou moins de différence de ce qu'il est dans l'état parfait. L'étourneau brun, par exemple, qu'on trouve en Europe, et dont plusieurs naturalistes ont fait une espece différente de celui dont le plumage est tacheté de larmes blanches sur un beau fond pourpre et azuré, n'est qu'une variété d'âge de ce dernier, puisque tels sont tous les individus de l'espece depuis le moment où ils quittent le nid jusqu'à leur premiere mue. Tous les oiseaux ont donc leurs variétés d'âge : il est par conséquent nécessaire, pour avoir une entiere connoissance d'une espece, de savoir ce qu'elle est dans ces différents âges : c'est aussi ce qui a plus particulièrement fixé mes observations ornithologiques ; et sous ce rapport je puis peut-être espérer d'avoir fait faire un pas de plus à nos connoissances dans cette partie intéressante de l'Histoire naturelle. Il y a donc deux sortes de variétés à considérer dans les oiseaux, les variétés accidentelles, et les variétés d'âges de chaque espece.

Cependant il est souvent arrivé qu'à force de soins on soit parvenu à former de ces variétés accidentelles des races particulieres qui se maintiennent toujours les mêmes ; tels sont chez nous le faisan blanc ou panaché, le paon blanc ou tacheté de blanc, la pintade blanche, la pintade fauve, etc. ; ces oiseaux, se propageant toujours dans leurs couleurs variées, forment autant de races distinctes : mais il y a à cet égard une observation à faire, et bien digne de fixer l'attention des philosophes, c'est que ces races variées ne se forment et ne se perpétuent que dans l'état de domesticité ; car on n'a pas d'exemple jusqu'ici qu'aucune variété accidentelle d'espece quelconque se soit propagée dans l'état naturel ; preuve sensible de cette sagesse profonde qui a présidé au grand œuvre de la formation des êtres, et qui les maintient dans toute leur intégrité malgré les accidents passagers qui sembleroient devoir y porter atteinte. On a essayé, je le sais, de perpétuer dans l'état de nature les faisans blancs, mais tous les essais à cet égard ont échoué ; car dans le court espace de deux ans la nature ayant repris ses droits, les faisans blancs se sont couverts de leur livrée primitive, de celle propre enfin à l'espece ; ce qui prouve encore combien la nature a mis d'importance à conserver les especes dans toute leur pureté, c'est que, malgré que nous soyons parvenus par les moyens particuliers qu'on emploie à cet effet à obtenir un produit de l'accouplement de deux especes différentes, mais analogues, l'animal produit reste toujours inhabile à se propager non seulement avec ses semblables, mais même avec les especes qui l'ont engendré. Si la nature n'a donc pu en quelque sorte empêcher un premier écart ou forcé ou nécessité par des circonstances particulieres, elle a su du moins en réprimer les abus en en arrêtant les progrès. Nous remarquerons même que ces premiers écarts n'ont absolument lieu que dans l'état de domesticité, et même par des soins particuliers ; on n'a du moins pas la preuve encore qu'ils aient jamais eu lieu dans l'état de nature. Depuis plusieurs siecles, par exemple, que les animaux et les oiseaux de France sont à-peuprès tous connus, on n'a pas vu qu'il s'y soit formé une espece nouvelle. Cependant Buffon et plusieurs naturalistes ont pensé que les faits du croisement des especes avoient lieu dans l'état de nature : il en est même qui ont appuyé cette opinion, mais sans aucun fondement, en admettant des especes comme produites par l'accouplement de deux especes différentes. Vosmar a osé donner le kouaga du cap de Bonne-Espérance pour avoir été engendré par le zebre et l'âne, quoique ce dernier ne se trouve point dans cette partie de l'Afrique; et Montbeillard s'est imaginé que parceque les anciens n'avoient point parlé de la corneille mantelée, que celle-ci provenoit du mélange de deux autres especes de nos corneilles. Pour avancer de tels faits il me semble qu'il faudroit être appuyé par quelque chose de plus que des conjectures, lors sur-tout que nous avons des preuves convaincantes que même dans l'état de domesticité il faut employer beaucoup d'art pour parvenir à ces accouplements illicites que repousse la nature, et dont les suites, si elles avoient lieu, tendroient nécessairement à bouleverser l'ordre établi par elle pour la conservation de cet univers.

D'après tout ce que nous venons de dire, et ce que nous aurions pu y ajouter, si ces observations n'étoient en quelque sorte déplacées ici, il suit que s'il est facile de constater les races d'une espece dans l'état de domesticité, il doit être au contraire très difficile de les déterminer dans l'état de nature, en supposant, contre toute probabilité, qu'elles y aient lieu. Ainsi tout ce qu'on peut dire et conclure à cet égard, en décrivant un oiseau qui a quelques rapports avec un autre oiseau, ne peut être que conjectural. Il n'y a donc point, il ne peut y avoir d'inconvénient à donner en cas de doute un oiseau qui differe par des caracteres essentiels d'un autre oiseau auquel il ressemble d'ailleurs par les couleurs; il ne peut, dis-je, y avoir d'inconvénient à donner un tel oiseau pour une espece particuliere; et s'il y en avoit, il y en auroit encore moins qu'à ne le considérer que comme une variété; car toutes les variations que subissent les especes dans les climats les plus oposés se réduisent à quelques différences légeres dans les nuances des couleurs, l'oiseau varié ne perdant jamais rien des formes caractéristiques de son espece : tel est du moins le résultat de toutes les observations que j'ai été à portée de faire par des comparaisons suivies d'especes de climats les plus opposés. Revenons à celle dont il est question dans cet article.

Le petit rolle est moitié moins fort de taille que le grand : on le distingue aussi à sa queue, proportionellement plus courte. On ne m'objectera pas, je pense, que la queue de cet oiseau n'avoit peut-être pas encore acquis toute sa longueur; objection qui m'a souvent été faite en pareil cas, et qui prouve le peu d'expérience de ceux qui me la faisoient : car rien n'est plus facile que de distinguer au premier coup-d'œil si les plumes d'un oiseau ont pris toute l'extension dont elles sont susceptibles; ce dont il est même essentiel de s'assurer avant de décrire un individu quelconque. J'ai donc constaté ce caractere du petit rolle violet, et je l'ai constaté non pas sur un seul individu, mais sur cinq, dont l'un, celui que j'ai figuré, fait partie de mes collections. On remarquera encore que la queue du petit rolle violet n'est pas seulement plus courte, mais qu'elle est aussi plus fourchue que celle du grand : nous observerons que toutes ces différences sont trop légeres pour constituer même deux races de ces oiseaux ; mais le bec du petit rolle est très différent de celui de l'autre, en ce qu'au lieu d'être épais comme chez ce dernier, il s'aplatit chez lui toujours davantage à mesure qu'il s'alonge. En comparant les figures que nous donnons de ces deux oiseaux, le lecteur saisira trop facilement tout ce qu'il y a de différent entre l'un et l'autre pour qu'il soit nécessaire que nous nous y arrêtions plus long-temps : il y verra aussi, quant aux couleurs, qu'elles sont absolument les mêmes dans les deux oiseaux.

Nous terminerons donc cet article en disant que le petit rolle violet se trouve au Sénégal. d'où les cinq individus que j'en ai vus avoient été rapportés : mais le climat du Sénégal et celui de Madagascar sont-ils assez différents, et la différence des climats a-t-elle assez d'influence sur les caracteres des oiseaux pour avoir opéré des changements tels que ceux que nous venons de voir, dans la forme du bec sur-tout, lorsque nous avons tant de fois prouvé que des températures les plus contraires n'en avoient produit absolument aucune sur d'autres especes ? je laisse le lecteur prononcer lui-même sur ces questions. En faisant connoître ces deux rolliers, et en indiquant les différences qu'il y a entre l'un et l'autre, j'ai rempli à cet égard la tâche que je me suis imposée en écrivant l'histoire des oiseaux. Je rassemble des faits, et laisse de côté tout ce qui n'est que théorie et système : si ces faits sont un jour de quelque utilité, j'aurai servi la science et satisfait mon ambition.

Le Rolle à gorge bleu. N. 36.

LE ROLLE À GORGE BLEUE.

(N° 36.)

Ce rolle a le bec plus large à sa base, et par conséquent la bouche plus ample encore que celui de l'article précédent, quoique les formes de cette partie soient absolument les mêmes chez eux. Le rolle à gorge bleue diffère encore du rolle violet par la distribution de ses couleurs et par plus de longueur dans les ailes, qui, lorsqu'elles sont ployées, se portent chez lui jusqu'au bout de la queue, qu'il a aussi un peu fourchue : mais le peu de différence qu'il y a entre ces deux oiseaux dans les caracteres que nous venons d'indiquer nous a déterminés à placer celui dont il est ici question dans la division que nous avons faite des rolles; division que Buffon avoit aussi déja faite, mais dans laquelle il a admis des especes qui n'appartiennent point au genre rollier; car son rolle de la Chine n'est qu'une pie des mieux caractérisées, ainsi qu'on peut s'en convaincre en consultant même le n° 620 de ses planches, où il a figuré cet oiseau, que j'ai eu dans mon cabinet, et que j'ai bien reconnu pour appartenir au genre de la pic. Quant au grivert, dont Buffon a fait aussi un de ses rolles, cet oiseau est du genre de celui que le même auteur a décrit sous le nom de tangara des grands bois de Cayenne, et n'appartient pas plus au genre tangara qu'à celui des rolliers. Il suit de tout cela que le genre ou la division des rolles de Buffon se trouve détruit; et, par une de ces bizarreries si communes dans l'ouvrage de cet auteur, on voit dans ses planches enluminées le nom de *rollier* appliqué à l'un des rolles de ses descriptions, tandis que l'un des rolliers de ses descriptions porte dans ses planches le nom de *rolle* (planches enluminées, n° 620 et 501). Cependant les erreurs de cette nature sont un peu trop fréquentes chez ce naturaliste pour qu'on puisse les regarder comme des fautes d'impression; et on peut en conclure, quoi qu'il dise en parlant de son livre que les figures enluminées ont été faites pour son ouvrage, que celui-ci n'a pas du moins été fait pour les figures: mais il n'est malheureusement encore que trop vrai pour la science que les descriptions de Buffon n'ont été faites que d'après de mauvaises enluminures, et jamais d'après les oiseaux eux-mêmes; ce qui a nécessairement beaucoup contribué au peu d'exactitude qu'on trouve dans ses descriptions lorsqu'on les compare à la nature. Revenons à notre rolle: la belle plaque bleue qui couvre la gorge et une partie du devant du cou de cet oiseau le caractérise d'une manière si particulière, que nous avons cru devoir en tirer la dénomination de rolle à gorge bleue que nous lui donnons, plutôt que de lui conserver le nom de rollier des Indes qu'il porte chez les nomenclateurs, et qui ne convient pas mieux à cette espece qu'à toutes celles qui se trouvent aussi dans cette partie du monde. La tête et le derriere du cou sont dans le rolle à gorge bleue d'un brun terreux nuancé de verd brunâtre, qui sur le manteau approche plus de cette derniere couleur, et tire à l'aigue-marine sur les bords latéraux des scapulaires ; le bas du cou par-devant, la poitrine, le ventre, les plumes des jambes, les couvertures du dessus et du dessous de la queue, tout le dessous du corps, et même les couvertures du revers des ailes sont aigue-marine, mais un peu plus terne que chez les autres rolliers ; la queue est à sa naissance et en-dessus de cette même couleur, qui s'éclaircit sur son milieu pour se changer en noir brun verdissant vers la pointe ; le dessous de la queue est d'un verd d'eau ; les couvertures supérieures des ailes sont verd aigue-marine teinté d'un brun plus prononcé sur les poignets ; les petites pennes qui couvrent le pied des grandes pennes alaires sont bleues ; celles-ci sont en-dessus et en-dessous verd aigue-marine à leur naissance, puis bleues, et enfin toutes noires extérieurement ; le bec est d'un rouge orangé ; les pieds sont d'un jaune brun, et les ongles noirs.

Le bel individu que nous venons de décrire, et que nous avons fait figurer, fait partie des collections du muséum d'histoire naturelle de Paris, où il a été déposé depuis peu : celui qu'on y voyoit auparavant a été entièrement détruit tant par les fumigations de soufre que par les insectes rongeurs : nous avons aussi vu l'espece dans plusieurs autres cabinets.

Nous terminons ici l'histoire des rolliers et des rolles, quoique les naturalistes aient parlé de beaucoup d'autres especes que nous n'avons jamais vues en nature, et que, pour cette raison, nous ne reproduirons pas dans cet ouvrage. Nous voyons, par les exemples du rolle de la Chine, et de celui surnommé le grivert, qu'il est très prudent de n'admettre que d'après de bonnes autorités les especes d'un genre quelconque qu'on ne connoît pas par soi-même. Je crois donc qu'il est sage de supprimer de la liste des oiseaux du genre dont nous venons de nous occuper tous ceux dont l'existence nous paroît tout au moins douteuse. Quelle foi, par exemple, peut-on ajouter à tous ces rolliers décrits par Latham sur des dessins qu'il a trouvés rassemblés dans des collections, lorsqu'il n'a jamais vu en nature les oiseaux qui y sont représentés ? ne seroit-ce pas chercher à introduire la plus grande confusion dans une science dont l'exactitude doit être la première base ? Et comment se fier à des dessins faits par des peintres qui n'attachent ordinairement aucune importance aux caracteres, dont la connoissance est cependant si nécessaire aux naturalistes ? Quelle peine n'avons-nous pas nous-mêmes à faire saisir ces caracteres aux artistes qui travaillent sous nos yeux et guidés par nos observations ? On ne sauroit donc être trop sur ses gardes lorsqu'il s'agit de dessins dont on ne connoît pas même l'auteur. Une autre considération plus forte et qui m'a déterminé à éliminer de mes ouvrages tous les oiseaux que je n'aurois pas vus, c'est le peu d'accord qui regne dans les livres à l'égard de la plus grande partie des oiseaux, dont on voit une même espece placée par l'un dans un genre, et par tels autres dans des genres tout opposés. Il faut avoir beaucoup d'expérience et de pratique, il faut avoir beaucoup vu et comparé les oiseaux ensemble pour les bien connoître et ne pas se tromper sur les genres : ceux qui croient qu'il leur suffit pour cela de l'examen de ces caracteres insignifiants donnés par nos méthodistes se trompent fort. Ces petites échancrures au bout du bec de certains oiseaux, ces poils qui naissent autour des narines, et couchés en avant ou en arriere, ces phalanges plus ou moins réunies ou séparées entièrement, etc. sont de foibles indices pour juger de l'analogie des especes ; elle se décele bien mieux cette analogie par cet accord dans la conformation des parties qui constituent les facultés, et qu'on saisit au premier coup-d'œil lorsqu'on s'est exercé à voir non des dépouilles ou des squelettes desséchés, mais la nature vivante. Tenter de redresser toutes les erreurs ornithologiques en remettant à sa place chaque espece décrite, réunir dans une seule espece toutes celles qui ont été données sous différents noms comme autant d'especes différentes, éliminer et faire justice de tous ces oiseaux qui n'existent réellement pas, et qui ne sont que des oiseaux fabriqués de débris d'autres oiseaux, et que plusieurs naturalistes ont cependant décrits faute de cette pratique si nécessaire à l'étude de l'histoire naturelle, seroit une tâche au-dessus de mes forces, et pour laquelle ma vie entiere suffiroit à peine ; aussi ne l'entreprendrai-je pas: mais chemin faisant, et lorsque les occasions s'en présenteront, je continuerai de m'occuper de tous ces redressements, quoique souvent ils me vaillent d'injustes diatribes. La vérité doit l'emporter, et dussé-je encourir l'anathême de tous les savants mes contemporains je la ferai toujours connoître lorsque je croirai l'avoir trouvée. Le temps viendra peut-être où l'on rendra quelque justice à mon zele : en attendant nous allons relever quelques erreurs à l'égard des rolliers, puisque nous en sommes sur ce sujet.

Le rollier d'Angola, de Buffon, qu'il donne pour une variété de celui de Mindanao, qui est notre rollier varié, malgré la différence de nos descriptions, n'est qu'un rollier d'Abyssinie ou notre rollier à longs brins, sur le corps duquel ont été entés une tête et un cou de rollier de Mindanao ; chose dont je suis sûr, puisque j'ai vu en nature l'individu même qui a servi à la description de ce naturaliste, et que par là je me suis convaincu de la supercherie dont ne s'étoit pas apperçu en premier lieu Daubenton le jeune, véritable éditeur des planches enluminées dites de Buffon; lesquelles planches, quoique copiées généralement sur des oiseaux dénaturés, Buffon ne les en a pas moins fait servir seules à ses descriptions. C'est encore ainsi que Buffon s'est laissé tromper à l'égard de sa breve des Philippines; car cette breve est un composé du corps de la breve de Ceylan, décrite par Edward sous le nom de pie à courte queue des Indes, et de la tête et du cou de notre merle d'Europe : cet oiseau ainsi fabriqué faisoit partie des collections de l'abbé Aubry, curé de Saint-Louis à Paris ; l'ayant acheté à la vente qui fut faite de son cabinet, je reconnus cette fourberie de quelque empailleur qui, sans doute, avoit trompé le bon curé. Ces sortes d'impostures de la part des empailleurs d'oiseaux ne sont malheureusement que trop communes, car il n'y a pas de jour où les amateurs et même certains ornithologistes ne s'y voient pris. Je soupçonne beaucoup aussi le rollier du Sénégal de Buffon, qu'il donne pour une variété du rollier d'Abyssinie, de n'être que ce dernier, sur le derriere du cou duquel on aura collé des plumes du manteau, parceque sans doute celles du cou se trouvoient froissées, ou qu'elles avoient été arrachées ; transposition dont les marchands d'histoire naturelle ne se font aucun scrupule, pourvu qu'ils puissent tirer quelque parti d'une peau défectueuse : Tant pis, disent-ils, pour celui qui ne s'y connoît pas ! et malheureusement pour la science il n'est que trop de ces naturalistes qui ne s'y connoissent pas. Qui donc pourroit distraire de tous les ouvrages prétendus d'histoire naturelle tous ces oiseaux monstrueux, dont on retrouve dans presque tous les cabinets quelques échantillons ? La grande pratique que j'ai des oiseaux m'a donné une telle facilité à démasquer au premier apperçu ces especes de fabrique, que jamais je ne m'y suis laissé tromper ; je n'ai jamais manqué non plus de les dénoncer aux amateurs qui en avoient en leur possession, et de leur prouver ce qu'il en étoit : cependant, le croiroit-on ? loin de me savoir quelque gré de ma franchise, j'ai vu plus d'une fois de ces dupes être très mécontentes de l'avis que je leur donnois ; j'ai aussi rarement vu qu'on se débarrassât de ces monstres, soit que par une sorte d'amour-propre mal entendu on fût honteux de s'être laissé tromper, ou que les ayant payés fort cher on eût regretté son argent, soit peut-être encore qu'on sentit cette sorte de plaisir assez naturel aux curieux de montrer un oiseau dont on est seul possesseur : il est au moins certain que tous ceux de ces oiseaux fabriqués que les insectes et les fumigations n'ont malheureusement pas détruits, on les retrouve encore dans les anciens cabinets ; il n'y a pas long-temps même que j'en désignai un à certain auteur très vanté, qui l'avoit décrit et figuré, et qu'il étoit temps encore de supprimer de son ouvrage ; mais comme je n'avois pas vu l'oiseau, et que je ne l'avois jugé factice que d'après ce qu'il m'en avoit fait connoître verbalement, il ne voulut pas m'en croire. Un auteur convient rarement de certaines bévues ; cependant le hasard m'ayant procuré l'occasion de voir le rare oiseau, qu'on m'avoit soigneusement caché, il me fut si facile de prouver la falsification , que je fus étonné que tout autre ne s'en fût pas apperçu avant moi, tant elle avoit été mal-adroitement combinée. Les planches, quoique tirées, furent cependant réformées ; mais cette découverte m'a valu une haine implacable de la part de l'éditeur de l'ouvrage dont l'oiseau en question étoit destiné à faire partie. Certes ce n'est pas là la premiere injustice que m'aient fait éprouver quelques hommes que blessent sans doute et ma franchise et la vérité.

LE MOMOT MÂLE,

OU

LE HOUTOU.

(N° 37 et 38.)

Edward est de tous les naturalistes le seul qui ait reconnu le momot pour ce qu'il est, puisqu'il l'a placé parmi les rolliers dans la description exacte qu'il en a donnée sous le nom de rollier à bec dentelé du Brésil. Cet oiseau appartient en effet à la tribu des rolliers et des geais sous tous les rapports du genre, car il ne diffère des autres especes de ce genre que par les caracteres propres à la sienne; c'est-à-dire qu'il en diffère comme elles different toutes entre elles, comme toutes les especes d'un genre d'oiseaux quelconque different les unes des autres par des attributs particuliers ou par des caracteres analogues aux fonctions auxquelles la nature les a destinées. Le momot ou le houtou, comme on le nomme à Cayenne d'après son cri, est donc un rollier ou un geai ayant le bec dentelé, la queue longue et fortement étagée; mais certes il s'en faut bien qu'il ait le moindre rapport avec les toucans, parmi lesquels cependant le rangent Linné et Gmelin à cause des dentelures de son bec. Cet oiseau n'a non plus rien de commun avec les calaos, les martins-pêcheurs, les guêpiers, les manakins, qui eux-mêmes n'ont aucun rapport entre eux, et avec lesquels il n'en forme pas moins le quatorzieme ordre de Brisson, qui au reste l'a décrit avec son exactitude ordinaire.

En comparant les figures exactes et de grandeur naturelle que nous donnons du momot adulte et dans le jeune âge, on remarquera facilement que la forme extérieure de son bec est conique, alongée, un peu arquée, et que par-là cet oiseau ne diffère presque pas des autres rolliers : mais chez lui les bords des mandibules sont dentelés comme une scie ; la tête est forte, largement emplumée, quoique non huppée ; les plumes du front se portent jusque sur les narines, et n'en laissent apper-

Le Momot adulte, mâle. N.º 57.

Barraband pinx.   D. Dapeureau de Langlac   Pérée sculpsit

Le Momot dans son jeune âge. N.º 38.

Barraband del.   De l'Imprimerie de Bouccot.   Pérée sculp.

cevoir qu'un peu les ouvertures ; les tarses sont courts ainsi que les
doigts réunis à leur base et formant une plante de pied solide ; caractere
au reste que les geais et les rolliers partagent plus ou moins avec beaucoup d'autres oiseaux, mais avec lesquels il n'en seroit pas moins absurde
de vouloir les confondre ; les ailes, quoique amples, ne s'étendent ployées
qu'un peu au-delà de la naissance de la queue ; celle-ci est plus longue
que le corps, elle est composée de douze plumes fortement étagées, la
plus latérale de chaque côté n'ayant à-peu-près que deux pouces de longueur, tandis que les plus intermédiaires portent près d'un pied : cependant une particularité fort remarquable à l'égard de la queue du momot,
c'est que ses deux pennes intermédiaires, du moins dans tous les individus adultes de l'espece, ont un pouce ou un pouce et demi de leur tige
entièrement dégarni de barbes, dont plusieurs paroissent avoir été usées,
et d'autres arrachées : cette partie ébarbée se trouve toujours commencer
un peu au-dessus du bout des deux autres pennes qui suivent immédiatement celles du milieu ; de sorte que ces dernieres forment à leur extrémité comme deux palettes, mais dont cependant les barbes sont aussi
cassées et usées. L'oiseau arrache-t-il lui-même ces barbes, ou tombent-
elles naturellement? Cette question est loin d'avoir été résolue par tout
ce qu'on a dit jusqu'à présent à ce sujet. Quant à moi je ne crois pas
plus que le momot s'amuse à arracher ces barbes que je crois qu'elles
tombent d'elles-mêmes. Les animaux ont un instinct qui les porte à
ne faire que ce qui leur est utile : or je ne devine pas l'utilité qu'il pourroit y avoir pour cet oiseau d'avoir ébarbé une partie de la tige des deux
plumes intermédiaires de la queue : je ne pense pas non plus qu'il s'a-
gisse ici de barbes qui tomberoient d'elles-mêmes pour former à l'oiseau
un ornement, parcequ'alors il y auroit plus de régularité dans cette partie
ébarbée qui n'en offre même aucune dans les différents individus que
j'ai vus et comparés ensemble à cet égard. Je présume donc qu'il en
est de l'ébarbement d'une partie des deux pennes intermédiaires de la
queue du momot comme de la nudité du front de notre freux, et de
celle de la tête entiere du prétendu choucas chauve des nomenclateurs (1),
et qu'il ne faut l'attribuer qu'à quelque habitude particuliere de l'oiseau.
S'il étoit vrai, comme on l'a dit, qu'il nichât dans un trou en terre, il
n'en faudroit certainement pas davantage pour qu'il usât sa queue précisément à l'endroit où les deux pennes ébarbées commençant à dépasser
les autres elles ne sont plus préservées par ces dernieres : au surplus
tout ce qu'on a dit des mœurs du momot est très apocryphe ; Pison rap-

(1) Nous avions très bien jugé, lorsqu'en décrivant ce prétendu choucas parmi les cotingas sous le
nom de *chauve*, dans notre Histoire naturelle des oiseaux des Indes et d'Amérique, nous avions dit qu'il
ne devoit aussi la callosité de sa tête qu'à quelque habitude particuliere ; car j'ai reçu depuis de Cayenne
un individu de l'espece dont la tête est entièrement emplumée ; ce qui leve tous les doutes.

porte qu'il se nourrit de fruits, et qu'il niche sur les arbres; d'autres veulent qu'il niche sous terre, et qu'il ne vive que d'insectes : tout est contradiction à ces différents égards. Mais qui faut-il donc croire? Je ne saurois trop le répéter; le mieux est d'attendre dans ces sortes de cas les renseignements de quelque observateur qui aura étudié par lui-même l'espece dans son pays natal. Je n'ai jamais vu le momot vivant: cependant je suis persuadé d'avance, par la nature seule de ses plumes pleines et moëlleuses, qu'il vit de fruits beaucoup plus que d'insectes : je crois aussi, comme je l'ai déja dit, que l'ébarbement des deux pennes intermédiaires de sa queue n'est dû qu'à ses habitudes, puisque jeune ou adulte, venant de muer, ces deux mêmes pennes ont toutes leurs barbes. On voit par la figure de notre planche n° 38 un momot qui a ces deux plumes entieres; mais l'individu qu'elle représente est encore dans le jeune âge : on reconnoît l'oiseau à cet âge, en ce qu'il n'a point sur la poitrine ce petit bouquet de plumes noires qu'il porte lorsqu'il est adulte. La couleur du jeune momot est aussi plus roussâtre sur le cou, la poitrine, et tout le dessous du corps, que celle du momot adulte. L'oiseau a sur le sommet de la tête une calotte noire lustrée de verd, et entourée de plumes verd aigue-marine, qui sur le front forment un large bandeau de cette couleur; le bandeau se partageant ensuite de chaque côté en deux branches, dont chacune d'elles passe au-dessus des yeux, où elles prennent une nuance bleue, elles terminent par derriere, où en se réunissant elles deviennent d'un beau bleu d'outre-mer violacé; ce qui forme à l'oiseau une belle couronne dont le centre est noir. Les plumes de toute cette partie de la couronne et du sommet de la tête étant fort longues doivent former une belle huppe à l'oiseau lorsqu'il les redresse; ce dont il a certainement la faculté. Les petites plumes de la base du bec, celles qui couvrent l'espace compris entre les narines et les yeux, celles du tour des yeux eux-mêmes, sont d'un noir foncé. De la base de la mandibule inférieure de chaque côté de la bouche part une espece de moustache noire, qui, passant sous les yeux, s'y confond avec le noir qui les entoure, et s'é-tend ensuite en pointe jusqu'aux oreilles; mais cette partie des moustaches se trouve relevée par un liséré verd aigue-marine qui en dessine agréa-blement les bords extérieurs. Le derriere du cou, immédiatement après le bleu de l'occiput, est d'un roux marron qui, se mêlant toujours da vantage de verd à mesure qu'il approche du manteau, devient sur ce dernier, ainsi que sur le dos, le croupion, toutes les couvertures supé-rieures des ailes, et toutes les barbes extérieures de leurs pennes, d'un beau verd plein plus ou moins éclatant, suivant les différents aspects. Les couvertures du dessus de la queue, le milieu de celle-ci, et les plumes des jambes sont de ce même verd. Les grandes pennes des ailes, les bords des pennes latérales de la queue, et le bout de celles de son milieu, terminées par une bande noire, sont en dessus d'un riche bleu.

Le revers de la queue est d'un noir glacé, et comme croisé par des lignes
plus foncées, qui disparoissent à certain jour. La gorge, le devant et les
côtés du cou, la poitrine, les flancs, le ventre, et les couvertures du
dessous de la queue sont d'un verd fondu dans du roux, et de maniere
que cette couleur paroît ou plus roussâtre ou plus verte, suivant les
incidences de la lumiere. Il sort du milieu du cou quatre plumes effilées
noires, bordées de verd aigue-marine, qui, tombant en épi sur la poitrine, y forment un ornement fort agréable. Le bec, à l'exception d'un
liséré blanchâtre qui se trouve au-dessous de sa base, est, ainsi que les
ongles, d'un noir de corne. Les doigts et les tarses sont brunâtres. Nous
ne connoissons pas la couleur des yeux, que nous avons supposés jaune-
brun. Le revers des ailes enfin est d'un noir glacé de gris blanchâtre
sur les pennes, et d'un verd roux sur les couvertures.

Tel est le momot parvenu dans son état parfait, et que nous repré-
sentons de grandeur naturelle n° 37 de nos planches. L'individu figuré
n° 38 est indubitablement dans le jeune âge encore ; état que nous lui
avons reconnu aux caracteres non équivoques que nous avons indiqués
nombre de fois ailleurs. Dans cet état l'oiseau est donc, comme on le
voit bien, plus petit que les momots adultes, et manque des quatre
plumes noires en épi qui ornent la poitrine de ces derniers ; sa couleur
verte est aussi généralement plus mêlée de roux, sur-tout le dessous du
corps ; et les deux pennes intermédiaires de la queue n'ont point de
partie ébarbée : mais on remarque que dans ce même endroit des deux
pennes intermédiaires de la queue, où dans les individus adultes les
barbes ont disparu, il y a dans les jeunes une espece d'étranglement
naturel ; je dis naturel, parceque cet étranglement n'est point l'effet d'un
commencement de dégradation, ce que j'ai bien reconnu en examinant
avec la loupe onze individus dans le même état de jeunesse que celui
dont il est ici question.

J'ai vu aussi trois individus adultes du momot, mais qui étoient encore dans la mue lorsqu'ils furent tués, puisque la plus grande partie
de leurs plumes étoient encore enveloppées dans leur tuyau, notamment
toutes celles de la queue, qui n'avoit pas la moitié de la longueur qu'elle
devoit avoir. Ces trois individus adultes et en mue avoient tous les deux
pennes intermédiaires de leur queue entieres et étranglées aussi dans la
partie qui d'ordinaire s'ébarbe. D'après ces derniers faits il est évident
que l'ébarbement des deux pennes intermédiaires de la queue du momot
n'est point naturel ; c'est-à-dire que les barbes de la partie de ces deux
pennes dont il s'agit ne tombent point d'elles-mêmes comme tombe le
duvet de la tête des vautours, que la nature a destinés à avoir cette partie
nue, ni comme se détachent les plumes de la tête et du haut du cou des
dindons, qui en naissant ont ces parties recouvertes d'un duvet, et que
vieux ils ont nues et rouges. Il ne peut donc y avoir de doute que ce

ne soit par l'effet de quelque habitude du momot que les deux pennes intermédiaires de sa queue s'ébarbent : mais quelle est cette habitude? c'est ce qu'assurément je saurois de la maniere la plus positive si j'avois été à portée d'observer l'espece dans son pays natal ; car ces sortes d'observations sont celles qui ont toujours le plus piqué ma curiosité, par l'attrait invincible qui me porte sans cesse à rechercher la cause des effets dans la nature. Que je suis loin d'être entièrement satisfait à cet égard, et combien il me reste de choses à savoir sur la foible partie de l'histoire naturelle, qui seule a fixé mes regards!

L'espece du momot doit être fort commune à la Guyane, car on l'a envoyée en si grand nombre de Cayenne en Europe qu'on l'y voit dans tous les cabinets ; aussi ai-je comparé entre eux un grand nombre de ses individus. J'aime ces sortes de comparaisons ; je ne manque jamais de les faire toutes fois que j'en ai l'occasion, parceque je les regarde comme le plus sûr moyen de bien connoître les especes. Comme à l'égard de celle du momot je n'ai pas remarqué d'autres différences entre ses vieux et ses jeunes individus que celles que j'ai indiquées, je pense qu'il ne doit pas y en avoir de bien sensible entre ses mâles et ses femelles : tous les vieux momots que j'ai vus du moins étoient absolument semblables pour les couleurs, et très certainement il y en avoit de l'un et de l'autre sexe dans le nombre d'au moins trois cents. Quant à l'individu adulte que j'ai figuré, je suis sûr aussi qu'il est mâle ; car l'ayant reçu simplement desséché, mais entier, je le ramollis, et lui reconnus à la dissection les parties internes de son sexe. A l'ouverture de l'estomac, que je trouvai musculeux, je ne vis aucun débris quelconque d'insectes, mais il étoit plein d'une matiere mollasse, pâteuse, qui s'étant entièrement dissoute dans l'eau ne laissa qu'un résidu dont je ne pus déterminer la nature.

On peut voir chez les différents auteurs qui ont parlé du momot les genres de vie contradictoires qu'on lui a donnés : je ne connois pas assez ses mœurs par moi-même pour rien ajouter à la description exacte que je viens de donner de cet oiseau. Je répéterai seulement que je suis bien persuadé que le momot ou le houtou appartient à la tribu des rolliers et des geais ; et je conclurai que la nature lui ayant imprimé sur tout son ensemble le sceau caractéristique de ce genre d'oiseaux, il est plus que probable qu'elle l'a aussi destiné aux mêmes fonctions, et lui a donné les mêmes facultés morales, modifiées sans doute pour les climats et le sol qui le voient naître.

Le Momot sombé. N.º 39.

Barraband pinx.   De l'Imprimerie de Rousset   Tremillier sculp.

LE MOMOT DOMBÉ,

OU

LE MOMOT À TÊTE ROUSSE.

(N° 39.)

LES naturalistes anciens ont fait mention de deux especes de momots, dont l'une est celle qui a fait le sujet de l'article précédent : quant à la seconde, à laquelle ils ont donné la taille de notre étourneau, il n'y a pas d'apparence qu'on doive lui rapporter le momot dont il est ici question ; on le doit d'autant moins que la description de cette seconde espece des anciens, rapportée par Brisson sous le titre de *momot varié*, est si imparfaite, qu'il sera toujours difficile de la bien reconnoître. Cependant Buffon ne manque pas de la confondre cette espece avec le momot ou houtou de notre n° 37 ; et, pour justifier son erreur, ce naturaliste dit que les couleurs en général du houtou varient suivant l'âge ou le sexe, et qu'on en voit de plus tachetés les uns que les autres ; or je pense que le mot *tacheté* ne peut guere s'appliquer aux couleurs régulieres du momot, car cette belle couronne du dessus de sa tête, qui le caractérise si bien, n'y forme pas de taches, et celle de la poitrine est unique.

Quoi qu'il en soit de cette seconde espece de momot des anciens, dont tous les nomenclateurs ont parlé, et qu'aucun d'eux n'avoit vue, en voici une bien caractérisée, et différente de la premiere en ce qu'elle a tout le dessus de la tête roux, et qu'elle n'a point de partie ébarbée à la queue, ni d'épi noir sur la poitrine. Tout est d'ailleurs semblable pour les couleurs dans ces deux especes, si ce n'est que le verd du dos et des ailes, et le bleu des pennes intermédiaires de la queue et des premieres pennes des ailes, sont plus purs chez le momot dombé que chez l'autre.

La taille de ces deux oiseaux est aussi à-peu-près la même; il y a cette différence entre leur queue, que les quatre pennes intermédiaires de celle du momot de cet article sont d'égale longueur. Nous devons cette seconde espece à Dombé, naturalisté zélé, plein de connoissances, et d'une mo-

destie rare qui le faisoit chérir de tous ceux qui le connoissoient. Au
retour de son voyage au Pérou, entrepris par ordre du gouvernement
français, il vint à Paris, où il fut comblé des bienfaits du roi : j'eus le
plaisir de faire sa connoissance ; j'admirai chez lui la belle collection de
minéraux qu'il avoit recueillis dans ces riches contrées, et qui fait aujour-
d'hui partie du Muséum d'histoire naturelle de Paris ; il eut la bonté
aussi de me faire voir plusieurs magnifiques oiseaux du Pérou, du nombre
desquels étoit l'espece du momot à laquelle je donne son nom ; foible
témoignage de l'estime particuliere que je lui avois vouée en reconnoissance de ses franches communications. Tout ce que je vis chez Dombé
des productions de la partie de l'Amérique qu'il avoit fouillée, et tout
ce qu'il m'en a dit, me donnent un vif regret de n'avoir pas fait une
course dans ce beau pays, où la nature semble avoir prodigué ses bienfaits, mais dont elle a ainsi occasionné la ruine et le malheur de tous
les paisibles habitants, bien vengés par tout ce qu'a valu à leurs barbares
persécuteurs tout l'or que leurs mains cupides leur avoient arraché le fer
à la main, quand il étoit si facile de l'obtenir sans crimes de peuples,
qui certes n'y attachoient pas assez de valeur pour s'exposer à le défendre
au prix de la vie d'un seul des leurs.

Nous n'étendrons pas davantage la description du momot dombé,
parceque la figure exacte que nous en avons donnée mettra le lecteur
qui le comparera à celui de l'espece précédente, à même de saisir les
rapports et les différences qui existent entre eux. Le houtou se trouve
à la Guyane, et le momot dombé habite les forêts des environs de Lima,
où le voyageur que j'ai nommé m'a assuré qu'il étoit très commun, et
qu'il n'avoit remarqué aucune différence entre beaucoup d'individus qu'il
avoit vus de l'espece et les deux qu'il avoit rapportés, dont l'un fut déposé avec plusieurs autres beaux oiseaux du Pérou au cabinet du roi.
Il est fâcheux que cet individu ait été entièrement détruit par les fumigations de soufre et les insectes : quant à l'autre nous ne savons ce qu'il
est devenu.

Comme nous avons fait remarquer que le momot ou houtou de la
Guyane avoit déja dans son jeune âge la belle couronne dont nous avons
parlé en son lieu, et qu'il est plus que probable, d'après mes observations,
que la femelle l'ait aussi, il ne peut pas y avoir de doute, je pense,
que le momot de cet article ne forme une seconde espece, d'autant plus
que les deux individus que j'en ai vus avoient tous les caracteres d'oiseaux
adultes, ou parvenus à leur état parfait.

Quant à la nature des momots, en les admettant entre les rolliers et
les geais, nous croyons leur avoir assigné la place qu'ils tiennent en effet
par tous les rapports extérieurs qu'ils ont avec ces oiseaux ; ce qui n'empêche pas d'en faire un genre particulier, si on le juge nécessaire, pourvu
cependant qu'on ne les confonde plus avec les calaos, les martin-

pêcheurs, les guêpiers, les toucans, avec lesquels ils n'ont pas la moindre analogie. Comme je n'ai pas été à portée d'observer par moi-même les habitudes des momots dans leur pays natal, on trouvera peut-être mon sentiment prématuré, ou tout au moins hasardé, sur-tout d'après l'opinion de Buffon, qui, n'admettant pas ce que Pison rapporte du houton ou momot, c'est-à-dire qu'il nichoit sur les arbres, qu'il se nourrissoit de fruits, et qu'il étoit facile à apprivoiser, prétend au contraire, d'après Marcgrave, que cet oiseau ne vit que d'insectes, qu'il fait son nid dans un trou sous terre, et qu'on ne sauroit l'apprivoiser; ce qui est absolument supposé. Je crois l'assertion de Pison la plus probable, et cela d'après la grande habitude que j'ai des oiseaux, que j'ai toujours bien jugés à la seule inspection des parties extérieures, et à la nature des plumes et des formes constitutives. Or qu'il vole peu ou mal, qu'il niche à terre ou sur les arbres, qu'il soit facile ou difficile à apprivoiser, tout s'accorde à faire des momots, sinon un geai ou un rollier proprement dit, tout au moins une branche ou un genre de la tribu ou de l'ordre des geais et des rolliers. La question de savoir si cet oiseau est ou non facile à apprivoiser me paroît difficile à résoudre; il faudroit pour cela multiplier les essais. La difficulté d'apprivoiser un animal vient souvent de la mal-adresse de ceux qui l'entreprennent; et l'on sait que s'il est des gens qui apprivoisent les tigres, il en est d'autres qui feroient de l'animal le plus doux une bête féroce. Au surplus si le momot vole peu, s'il aime à se poser à terre, s'il fréquente les bois, et ne se perche que sur les branches basses des arbres, il a tout cela de commun avec tous les geais et les rolliers, qu'on voit très souvent à terre, et qui sautant d'arbre en arbre, traversent des forêts entières sans faire de grands vols, quoiqu'ils aient les ailes fortes, et qu'ils volent très bien quand ils ont besoin de traverser des plaines; ce que doit bien faire aussi le momot, qui a l'aile aussi ample et de la même forme que notre geai.

HISTOIRE NATURELLE

DES GEAIS.

En parlant de la grande analogie que les rolliers et les geais
ont les uns avec les autres nous n'avons entendu parler
que des geais proprement dits, ou des oiseaux qui appartiennent à leur genre, et non de tous ceux qu'il a plu aux
nomenclateurs de comprendre gratuitement sous leur nom.
Ainsi nous aurons à retrancher de la liste des geais plusieurs especes qui ne sont pas plus des geais que le grivert
de Cayenne, le rollier à bec rouge, et le rolle verd de la
Chine, ne sont des rolliers. Ne sont donc pas des geais le
garlu ou le prétendu geai à ventre jaune de Cayenne, qui
n'est qu'un tyran, et le blanche-coiffe, qui n'est qu'une pie;
ce dont nous avions déja et depuis long-temps averti nos
lecteurs : nous avons même eu la satisfaction de voir que
dans quelques nouveaux ouvrages on avoit éliminé ces deux
oiseaux de la liste des geais. Nous observerons seulement
, ici, à l'égard des véritables geais, qu'il y a cependant en général quelque légere différence de conformation entre ceux de
l'ancien et ceux du nouveau continent: les premiers se rap-
prochent beaucoup plus des rolliers que les autres, qui en
different principalement en ce qu'ils ont la queue plus longue,
plus fortement étagée, les tarses plus longs aussi, plus grêles,

et le corps en général plus dégagé. De même donc que nous avons fait deux sections des rolliers en les divisant en rolliers proprement dits, et en rolles, nous pensons qu'il seroit utile de faire aussi des geais deux autres sections, dont la première comprendroit les geais à tarses courts de l'ancien continent, et la seconde ceux à longs tarses du nouveau monde. Ces sections, dont on pourroit à la rigueur former autant de genres, composeroient ensemble un petit ordre, qu'on pourroit étendre en y rapportant le jaseur, le coq de roche, et le casse-noix, dont nous donnerons les figures et les descriptions à la suite des geais, comme membres éloignés de la tribu, c'est-à-dire comme ayant plus ou moins de rapports avec ces derniers. Les cotingas, les loriots, même les grives et les merles, pourront aussi entrer dans cet ordre. Une telle maniere de procéder en ornithologie seroit dans tous les cas bien plus conforme à la nature que tous ces classements qui ont été faits jusqu'à ce jour par les différents méthodistes d'après des caracteres insignifiants, adoptés par les uns, rejetés par les autres, et qui en général sont loin d'établir d'une maniere certaine les rapports entre les especes d'un genre entier quelconque, et plus loin encore de déterminer l'analogie d'un genre à un autre.

Le Geai d'Europe. N.º 40.

LE GEAI D'EUROPE.

(N° 40 et 41.)

L'espece du geai est tellement répandue dans les diverses parties de l'Europe et si généralement connue, qu'il suffiroit de la bonne figure de grandeur naturelle que nous en donnons, la meilleure et la seule exacte de toutes celles qu'on en ait publiées jusqu'à ce jour, pour que chacun pût l'y reconnoître du premier abord. Nous nous étendrons donc peu sur l'histoire de cet oiseau, et cela avec d'autant plus de raison que Buffon l'a faite de la maniere la plus vraie, et que Sonnini de Manoncour y a ajouté depuis des observations qui ne laissent rien à desirer.

Le geai [1], oiseau ainsi nommé par allusion au cri qu'il fait dans certaines occasions, habite les forêts et niche sur les grands arbres : son nid est un tissu de petites racines flexibles ; il le pose assez négligemment, mais toujours à l'insertion des premieres grosses branches ; de sorte qu'il est solidement appuyé contre le tronc de l'arbre. La ponte est de quatre, quelquefois de cinq, rarement de six œufs, d'un gris verd ponctué de roux : le mâle partage avec sa femelle les soins de l'incubation. Cette espece se nourrit assez indistinctement de toutes sortes de fruits, de graines huileuses, d'insectes, et même de chair ; car dans l'état de domesticité elle avale très gloutonnement de fort gros morceaux de viande, et dans l'état sauvage elle attaque souvent les jeunes oiseaux et les dévore. Comme elle passe l'hiver dans le pays, et que dans cette saison elle ne trouve pas toujours les aliments qui lui sont nécessaires, elle a la prévoyance de faire des provisions et de les cacher dans des trous d'arbres ou dans des terriers abandonnés. Cet instinct, qui même dans l'état de domesticité la porte à cacher des provisions alimentaires, lui fait aussi déplacer quantité d'objets qui ne peuvent lui être d'aucune utilité ; et c'est de là qu'est née cette comparaison de *voleur comme un geai*, ou *comme une pie*, car celle-ci en fait autant. Quoique les geais vivent dans les bois, ils s'approchent souvent des habitations voisines des forêts, de celles sur-tout autour desquelles il se trouve des noyers, car ils aiment

---

(1) Dénomination que le peuple change souvent, à l'égard des individus qu'il élève en cage, en celle de *jáque ;* mot que l'oiseau exprime aussi très nettement.

beaucoup les noix, qu'ils emportent tout entières pour leurs provisions
d'hiver ; ils profitent pour cela du moment où elles se dégagent de leur
enveloppe et tombent naturellement ; aussi pendant l'automne trouve-t-on
les geais toujours à terre au pied des noyers, et ramassant toutes les noix
tombées : cela fait, ils savent aussi reconnoître celles dont le brou com-
mence à se fendre, et les abattre d'un coup de bec. Le geai est très criard ;
et, quoique farouche à l'aspect d'un danger, il est attiré par le moindre
bruit extraordinaire : il suffit de contrefaire la chouette, ou même de
souffler sur le tranchant d'une feuille (ce que les oiseleurs appellent *frouer*)
pour les voir arriver à l'instant par bandes ; ce qui donne une grande facilité pour les tuer : il faut cependant bien se cacher pour réussir à cette
chasse ; car une fois effarouché l'oiseau n'approche plus le chasseur. Si l'on
a blessé un geai ou tout autre oiseau, et qu'on le fasse crier, tous les geais
des environs accourent sur les lieux. Rien n'est donc plus facile que de
se procurer cet oiseau, très curieux de son naturel, arrivant au moindre
bruit, mais fuyant, comme je l'ai dit, au plus petit danger reconnu par lui.
Ceci ne s'entend que des vieux geais, car les jeunes sont très stupides ;
aussi les oiseaux de proie en font-ils une grande destruction : le peuple,
de son côté, recherche avec plaisir leurs nichées pour les enlever ; ce qui
fait que le nombre des geais reste toujours à-peu-près le même. Il y a
aussi des personnes qui les mangent, quoique leur chair soit loin d'être
un mets délicat ; cependant les jeunes, rôtis après avoir été bouillis,
peuvent être appréciés par certaines gens : quant à moi, qui ne suis pas
plus difficile que beaucoup d'autres, j'avoue qu'il s'en faut bien que je les
compare aux grives.

Ou trouve dans plusieurs auteurs beaucoup de différentes manieres de
prendre les geais ; mais la plupart de ces moyens ne sont que de pures
fictions imaginées à plaisir : tel est bien certainement celui du plat d'huile
qu'on expose dans un endroit fréquenté par les geais, lesquels venant se
mirer dans le plat prennent leur propre image pour d'autres geais qu'ils
cherchent à combattre ; leurs ailes venant alors à s'imbiber, ne se prêtent
bientôt plus aux efforts qu'ils font pour s'envoler, et laissent au chasseur
le temps de les prendre ; tel est aussi, entre beaucoup d'autres que je ne
rapporterai pas, celui du geai vivant qu'on attache fortement sur le dos,
et qui dans cette position saisit et serre si vigoureusement ceux de ses cama-
rades qui viennent l'entourer, qu'on peut aller les prendre à la main.
Cette derniere maniere est très bonne pour attirer les geais sur un arbre
chargé de gluaux, ou aux environs duquel le chasseur se met en embus-
cade ; mais il est bien certain que les geais libres se garderoient d'approcher celui qu'ils verroient dans la gêne ; il faut au contraire pour
réussir à cette chasse avoir le plus grand soin de cacher celui qui, par
ses cris seuls, doit servir à leurer les autres, puisque dès qu'ils l'apper-
cevroient garrotté ils fuiroient tous pour ne plus revenir.

Le Geai varié. Nº 41.

La meilleure maniere de prendre les geais et tous autres oiseaux, c'est d'avoir une chouette vivante, ou même empaillée, qu'on attache sur une grosse branche au bas d'un arbre chargé de gluaux ; on se cache très soigneusement, on froue à petit bruit pour seulement faire approcher un oiseau quelconque ; le premier qui arrive, n'importe lequel, se met, en voyant la chouette, à faire un cri d'effroi qui appelle tous les autres oiseaux : vous voyez alors accourir les geais, les grives, les merles, tous les oiseaux d'alentour, même les plus rusés, jusqu'à la méfiante pie, le plus avisé des volatils. Restez caché jusqu'au moment où tous vos gluaux sont à bas ; puis ramassez tous les oiseaux pris, qui lorsqu'ils n'ont vu personne se montrer, surpris de se trouver englués et arrêtés, restent assez ordinairement tranquilles dans l'endroit où ils tombent : si vous vous montrez un instant, vous gâtez la chasse, vous perdez tout le fruit de vos peines ; et ce n'en est pas une petite que de préparer un arbre à recevoir les gluaux, et de les y poser. On sent bien que les chouettes vivantes sont dans cette chasse préférables aux empaillées : la chevéche est aussi l'espece qui convient le mieux, parcequ'elle est la plus docile, la plus facile à apprivoiser, la plus petite, et par conséquent la moins embarrassante à transporter.

Le geai est caractérisé par une grosse tête largement garnie de plumes longues, soyeuses, douces au toucher, et qu'il redresse à volonté ; il a la queue coupée carrément, et ses ailes ployées dépassent le croupion de deux pouces. Les mandibules sont fortes, et le bec a l'apparence d'un coin arrondi ; aussi est-ce à coups de bec qu'il fend une noix et qu'il ouvre les glands : il a beaucoup de peine à casser une noisette entiere ; mais si un ver y a pratiqué le moindre trou, il en vient facilement à bout en l'assujettissant sous son pied, et en donnant des coups de bec sur le trou même jusqu'à ce qu'elle se partage ou qu'il emporte une partie de la coquille. Pour se faciliter au reste le moyen de faire usage de ces sortes de fruits durs il les entasse dans un trou d'arbre ou dans un vieux terrier abandonné : l'humidité de ces lieux gonfle l'amande, et les coquilles se partagent naturellement ; ces fruits s'ouvrent aussi d'eux-mêmes dès que le germe vient à se développer. La langue du geai est membraneuse, noire, et fourchue, ce qui ne l'empêche pas de contrefaire tous les sons qu'il entend, ni même de prononcer des mots, sur-tout ceux en r; c'est aussi ce qui fait que ceux qu'il prononce le plus distinctement sont ceux des langues allemande et hollandaise : il contrefait à s'y méprendre le miaulement d'un chat, ainsi que l'aboiement d'un petit chien à voix rauque. Le trait le plus marqué de son plumage consiste dans ces belles plumes bleues rayées transversalement de noir, qu'on remarque sur le haut des ailes, et dont autrefois nos dames ne dédaignoient pas de se parer. Dans ces temps on devoit cruellement faire la guerre à ces oiseaux ; car il falloit certainement plusieurs centaines de geais pour compléter la gar-

niture d'une de ces grandes robes à paniers, auxquelles on faisoit servir
ces belles plumes, les seules qu'on y employât, qui sont en petit nombre,
et qui n'appartiennent absolument qu'aux couvertures des grandes pennes
alaires. La couleur roussâtre, un peu vineuse, du plumage supérieur du
geai, quoique simple, est agréablement relevée par le blanc qui longe les
pennes alaires, et qui couvre le croupion ; ce blanc se remontrant sur
le bas-ventre et sur les cuisses, tranche très bien sur le noir de la queue
et celui des ailes. Une moustache noire, qui se dessine en carré long sur
les joues, donne aussi à cet oiseau une physionomie hardie, que favo-
risent encore de grands yeux d'un gris bleuâtre. Le mâle et la femelle
du geai se ressemblent beaucoup quant aux couleurs ; cependant en les
comparant ensemble sous ce rapport on distingue facilement le premier
de celle-ci ; la couleur rousse est plus vive, et les plumes de la tête sont
un peu plus longues chez lui ; cette derniere particularité lui fait aussi
une tête en apparence plus grosse : le geai mâle enfin est un peu plus
fort de taille que sa femelle.

Dans leur premier âge ces oiseaux ont non seulement les belles plaques bleues des ailes, mais ils ont encore du bleu sur le haut des bordures blanches des pennes alaires, et à la naissance de la queue ; ce que
n'ont jamais les vieux geais : chose aussi fort remarquable, car en général
les jeunes oiseaux ont toujours en moins les couleurs les plus éclatantes
des vieux. D'après ce que rapporte Buffon sur les couleurs du geai il
paroitroit cependant que jeune il a moins de bleu qu'adulte ; mais ce naturaliste nous fait voir le danger qu'il y a d'appliquer des lois générales
à des cas particuliers sans examen.

L'espece du geai offre plusieurs variétés accidentelles ; on en voit d'entièrement blancs, ayant le bec, les pieds même de cette couleur, tels que
j'en ai vu moi-même plusieurs dans quelques cabinets : mais j'ai remarqué
que ceux-ci étoient de jeunes oiseaux nés variés, et qui probablement
auroient repris les couleurs primitives de l'espece si on les eut laissé vivre,
car cela arrive généralement à tous autres oiseaux de différentes especes,
nés tout ou plus ou moins blancs. Ces sortes d'individus sont vraisem-
blablement des êtres mal constitués, et chez lesquels la matiere qui produit la couleur des plumes ne s'est encore que peu ou point développée.
Ce qu'il y a au moins de certain à cet égard c'est que nous n'avons point
une race de geais blancs, et que ce n'est que de temps à autre qu'on en
rencontre, comme on voit quelques autres oiseaux d'especes différentes
tout blancs, ou qui n'ont que quelques parties blanches dans leur plumage.
Un de ces geais blancs, que j'ai vu dans le cabinet de l'abbé Aubry, avoit
conservé les plaques bleues de ses ailes ; c'est celui que l'on voit représenté
sur notre planche n° 41. J'en ai vu un autre dans l'état de domesticité, et
qui étoit devenu presque noirâtre : je n'en fus pas surpris lorsqu'on m'eut
dit qu'on ne le nourrissoit que de chénevis ; car j'avois déja remarqué que

cette graine très huileuse produisoit le même effet sur tous les autres oiseaux auxquels on la donnoit pour toute nourriture ; j'ai vu même un perroquet gris dans ce cas, ainsi que plusieurs alouettes, des moineaux, et des linottes. Il seroit curieux, peut-être même intéressant de savoir pourquoi la graine de chanvre produit cet effet sur les oiseaux ; on dit encore qu'elle les rend aveugles.

LE GEAI NOIR À COLLIER BLANC,

OU

LE GEAI LONGUP.

(N° 42.)

Si cette espece étrangere de geai n'est caractérisée par rien de très brillant dans les couleurs, elle l'est du moins par une huppe dont deux des plumes, très longues, et semblables à des pennes par leur forme, s'élevent perpendiculairement sur le derriere de la tête, et forment à l'oiseau un panache très distingué. Ce geai a la queue ample et étagée dans ses quatre pennes les plus latérales de chaque côté, et ses ailes atteignent ployées le tiers de la longueur de celle-ci ; son bec et ses pieds, conformés comme le sont ceux de notre geai européen, ne permettent pas de le séparer du genre de ce dernier : au surplus, à l'exception d'un large collier blanc qu'il porte sur la nuque, et qui ne passe pas les côtés du cou, tout le plumage de cet oiseau est entièrement noir, ainsi que son bec ; ses pieds sont noirs-bruns. Nous ne connoissons pas la couleur de ses yeux, et nous n'avons rien à dire de ses mœurs.

Le seul individu que nous ayons vu de cette espece étant figuré dans nos planches de grandeur naturelle, nous croyons pouvoir nous dispenser d'en donner les dimensions : nous ajouterons seulement qu'il est plus que probable que l'oiseau n'a pas toujours les longues plumes de sa huppe relevées, ainsi que nous l'avons dit, et qu'il a la faculté, comme tous les oiseaux huppés, de les coucher ; car autrement elles deviendroient fort gênantes pour lui dans l'action du vol. Au reste nous ne prétendons ici que signaler l'espece ; car nous pensons que pour la bien faire connoître il faudroit avoir vu et comparé ensemble un certain nombre de ses individus. Cet oiseau est un de ceux que nous recommandons aux observations de quelque voyageur, comme remarquable par la singularité de la conformation de sa huppe, dont on trouveroit peu d'exemples dans la nature. Ce geai, absolument nouveau, habite l'isle de Java, d'où il a été envoyé à M. Temminck, qui le conserve dans son beau cabinet à Amsterdam, où je l'ai décrit et dessiné.

Le Geai Noir à Collier blanc. N.º 42.

Le Geai à joues blanches. N.º 13.

De l'Imprimerie de Roussard.

LE GEAI À JOUES BLANCHES.

(N 43.)

Nous croyons devoir changer la dénomination de *petit geai de la Chine*, que Sonnerat, le premier qui l'ait décrit, avoit donnée à cet oiseau : nos raisons pour cela sont que, s'il se trouvoit en Chine quelque geai plus petit encore que celui dont il est ici question, l'épithete de *petit* ne lui seroit plus applicable ; et en second lieu que ce même oiseau se trouvant dans plusieurs parties de l'Inde autres que la Chine, il pourroit y avoir confusion dans les especes, ce qui n'est pas un petit inconvénient.

Lorsqu'on dénomme les objets d'histoire naturelle, il ne suffit pas de donner aux especes des noms qui les caractérisent vaguement ou à-peu-près, il faut en trouver qui les caractérisent exclusivement, toujours, et dans tous les cas. Or le petit geai de la Chine de Sonnerat aura dans tous les temps les joues blanches, quel que soit le pays qu'il habite. Le nom de *geai à joues blanches* que nous lui donnons lui convient donc mieux que tout autre.

Cet oiseau est remarquable par la longueur de son bec proportion-nellement à sa taille, et relativement à celui des autres membres de sa tribu ; ses tarses sont aussi plus robustes et ses ongles plus grands que ne le sont ces mêmes parties chez les autres geais de l'ancien continent : il se rapprocheroit donc par là des geais d'Amérique plus qu'aucun de ceux de ses congéneres que nous connoissions encore ; il rempliroit ainsi l'intervalle ou la petite distance que la nature semble avoir voulu mettre entre les geais du nouveau et ceux de l'ancien continent. Les autres mar-ques distinctives du geai de cet article sont que les ailes ployées se portent un peu au-delà de la naissance de la queue : celle-ci est à-peu-près de la longueur du corps de l'oiseau, et s'arrondit à son extrémité, parceque ses pennes latérales sont un peu plus courtes que ses intermédiaires. Les plumes du front qui avancent sur les narines, celles qui se trouvent entre les yeux et le bec jusqu'à la gorge, sont noires ainsi que celles du haut du cou par-devant. Le toupet, qui forme une sorte de huppe quand l'oiseau releve les plumes dont il est composé, est aussi noir, mais chacune de ces plumes est terminée par une tache alongée d'un bleu pâle. Le reste du dessus de la tête, les côtés, le bas du cou, et la poitrine, sur laquelle le noir de la gorge se termine en pointe, sont gris perlé. La jolie tache blanche des joues, qui relève singulièrement la physionomie de ce geai par son opposition avec le noir de la gorge, prend naissance au-dessous des yeux, et s'étend en cercle jusqu'aux oreilles, qu'elle couvre entièrement. Le derrière de la tête est d'un brun nuancé d'olive, couleur qui est aussi celle, si ce n'est cependant qu'elle y est un peu plus olivacée et comme glacée de gris, de toute la partie supérieure du corps, des scapulaires, des couvertures des ailes, du dos, du croupion, et des couvertures du dessus de la queue. Cette dernière est d'un brun olivâtre sur les bords de ses pennes; tels sont aussi ceux des pennes alaires, dont le fond est d'un brun très noir. Toutes les plumes du dessous du corps, depuis le gris de la poitrine jusqu'au bas-ventre, sont d'un brun olivacé un peu plus clair que celui du dessus du corps. Les couvertures du dessous de la queue sont rousses. Le bec est noir vers la pointe, et d'un brun clair à sa base. Les pieds sont bruns, et les ongles couleur du bec : la couleur des yeux ne nous est pas connue; Sonnerat les dit d'un jaune roussâtre.

J'ai vu l'espèce du geai à joues blanches dans plusieurs cabinets ; à Amsterdam, chez MM. Raye de Breuckelerwaert, Temminck, et Holthuysen; et à Paris, chez feu Mauduit, l'abbé Aubry, et M. Gigot d'Orcy.

Si l'on compare ce que nous venons de dire de cet oiseau avec ce que les naturalistes en ont dit avant nous, on trouvera bien quelques différences entre leurs descriptions et la mienne; mais cela ne doit surprendre personne, car il n'y a que des descriptions également exactes qui puissent coïncider ensemble : or jusqu'à ce moment les naturalistes ont attaché si peu d'importance à cette exactitude ! et comment l'auroient-ils pu, les uns n'ayant la plupart du temps décrit que des objets qu'ils n'avoient jamais eus sous les yeux, et les autres n'ayant fait que copier des descriptions ainsi hasardées?

Le Geai bleu – verdin. N.º 44.

Barraband pinx.t De l'Imprimerie de Langlois. Bouquet

LE GEAI BLEU VERDIN.

(N° 44.)

Comme ce geai paroît au premier abord avoir de grands rapports avec le geai bleu de la Caroline, je ne serois pas surpris qu'on le considérât comme n'en étant qu'une variété : mais pour cela il faudroit supposer que les geais bleus d'Amérique eussent pu passer de là dans les isles de la mer du Sud, d'où l'espece de cet article a été apportée, à ce que m'a assuré M. Gevers-Arnts, de Rotterdam, qui la conserve dans son beau cabinet ; il faudroit supposer de plus que la différence du climat eût pu changer leurs caracteres au point où ils le seroient. Cependant j'ai comparé avec soin l'oiseau dont il est ici question avec le geai bleu de la Caroline, et je ne doute pas, d'après les différences qui existent entre l'un et l'autre, et que j'établis plus bas, que ces deux oiseaux ne forment deux especes distinctes.

Dans le geai bleu les plus longues plumes de la huppe sont sur le derriere de la tête ; ici, au contraire, elles sont sur le devant et s'étendent jusqu'à l'occiput ; ce qui forme deux caracteres de huppe fort différents : toutes les pennes de la queue sont aussi beaucoup plus étagées chez ce dernier que chez l'autre. Le geai bleu se distingue encore du geai bleu verdin par les grandes taches blanches qu'il porte sur la queue et sur les ailes. Les descriptions au reste, et sur-tout les figures exactes et de grandeur naturelle que nous publions de l'un et de l'autre, les feront distinguer au mieux par tous ceux qui prendront la peine de les comparer ensemble.

La couleur générale de la tête, du cou, et de la poitrine du geai bleu verdin est une sorte de mélange où le bleu et le verd, fondus dans un brun clair-terne, produisent un ton particulier qui joue tour-à-tour entre ces trois teintes suivant les incidences de la lumiere : seulement sur le croupion et sur le ventre le verd domine, et sur les ailes et la queue le bleu se prononce davantage ; ces dernieres parties sont rayées transversalement par des bandes noires, moins nettes et plus espacées cependant que chez le geai bleu ; car ces rayures se trouvent dans les deux oiseaux : c'est aussi par là qu'ils ont le plus de rapport entre eux ; et ce qu'il y a de particulier encore à l'égard de ces rayures c'est que les plumes bleues de notre geai d'Europe portent aussi les mêmes rayures noires transversales.

33

Ce rapprochement dans des especes d'un même genre et qui ont du bleu dans leur plumage est des plus intéressants eu égard à l'espace immense qui sépare les climats qu'elles habitent.

J'ai vu un second individu de l'espece du geai bleu verdin chez M. Gigot d'Orcy, à qui M. Wodfort, de Londres, l'avoit envoyé avec plusieurs autres oiseaux de la mer du Sud, pour qu'ils fussent dessinés par le même peintre qui avoit déja peint tous mes oiseaux d'Afrique.

Les naturalistes parlent d'un geai qui se trouve à la baie de Nootka, et sur les côtes du canal du Roi-Georges : la description qu'ils font de cet oiseau convient assez à notre geai bleu verdin ; cependant la dimension de quatorze pouces qu'ils lui donnent, ce qui en fait un gros oiseau, ne s'accorde plus avec celle de ce dernier, plus petit encore que le geai bleu : on ne peut donc pas les confondre ensemble. On ne peut non plus rien statuer à l'égard de ces variétés ou races du geai bleu dont parle Bartram, et qu'il a vues dans les parties sud de l'Amérique septentrionale, ni de celles que La Perouse avoit trouvées à la baie Monteray ; car il ne faut prononcer que sur ce qu'on connoît bien.

Le Geai Bleu. n.º 45.

LE GEAI BLEU.

(N° 45.)

L'ESPECE du geai bleu appartient à la partie septentrionale du nouveau monde; il est même à croire qu'elle y est fort commune, sur-tout à la Caroline et au Canada, d'où on l'expédie en grand nombre pour l'Europe. Ce geai est un des plus beaux oiseaux de son genre : sa taille dégagée et les belles couleurs de son plumage le rendent très remarquable au milieu d'une collection ; aussi est-il peu de cabinets où l'on ne trouve plusieurs individus de son espece. J'en ai vu un vivant dans la voliere de M. Boers, bailli à Hasserswonde, près de Leyde : cet oiseau avoit la vivacité, la pétulance, et même les gestes de notre geai d'Europe ; il en avoit aussi absolument le cri *geai-geai*, qu'il prononçoit cependant d'un ton plus foible que ne le fait ce dernier. Je n'ai pas remarqué qu'il eût la voix agréable, comme l'a dit Pennant en parlant de l'espece dans son *Arctic-Zoologie;* mais il se pourroit que le changement de climat et même de nourriture eût apporté quelques modifications dans son chant, que, comme tous les oiseaux chanteurs, il ne fait peut-être entendre dans son pays natal que dans certaine saison de l'année, qui est ordinairement celle des amours : il étoit aussi seul de son espece, et je l'ai vu pendant l'hiver; raisons sans doute pour lesquelles je ne l'aurois pas entendu chanter aussi agréablement que l'auteur que je viens de citer, et dont la véracité m'est bien connue. Je suis cependant loin de penser, comme Sonnini, qu'il faille, à cause de son chant, rayer l'espece dont il est ici question de la liste des geais, oiseaux criards et à voix rauque et grossiere. Nous avons déja fait connoître parmi les oiseaux d'Afrique un aigle (le vocifer), un faucon (le faucon chanteur), et un engoulevent à collier, qui different totalement par leur chant des autres especes de leurs genres: or pourquoi la nature n'auroit-elle pas donné à quelques especes de tel autre genre d'oiseaux un organe différemment ou plutôt mieux conformé que chez les autres especes de ce genre? J'espere que malgré leur chant le vocifer sera toujours un aigle, le faucon chanteur un faucon, et l'engoulevent à collier un engoulevent. Qui nous a dit qu'il n'y avoit pas beaucoup de ces sortes d'exceptions? Connoissons-nous l'histoire des oiseaux? Et qui sont ceux qui jusqu'ici s'en sont occupés? beaucoup de voyageurs ont apporté des dépouilles d'animaux ; mais combien en est-il qui aient fait des observations sur les animaux vivants ? Je le dis encore, gardons-nous de prononcer avant de bien connoître, et n'oublions pas que pour connoître les choses il faut avant tout les étudier.

Le bleu qui domine sur le plumage supérieur du geai de cet article lui a valu le nom de *geai bleu* que nous lui conservons : ce bleu est rehaussé chez lui par une légère teinte purpurine qui lui donne un grand éclat, et qui se trouve en opposition avec les belles taches blanches du bout des pennes de la queue et celles dispersées sur les ailes, rayées transversalement ainsi que la queue par des bandes noires plus prononcées sur les pennes intermédiaires de la queue et sur les dernières plumes des ailes. Un collier noir en forme de plastron traverse le bas du cou et tient à deux branches aussi noires, et qui remontant sur les côtés du cou se rejoignent sur le chignon et couvrent tout le derrière de la tête, d'où se détache, en se prolongeant, une huppe que l'oiseau redresse ou couche à volonté. Le front est aussi ceint d'un bandeau noir étroit ; mais le tour des yeux est blanc ainsi que tout l'espace compris entre le plastron et ses branches. La poitrine est d'un gris vineux qui se dégrade sur les flancs et qui blanchit à mesure qu'il descend sur les parties postérieures ; de sorte que le milieu du sternum, le ventre, les cuisses, et les couvertures du dessous de la queue sont d'un blanc pur. Le bec et les pieds sont d'un noir plombé, et les yeux gris-bleuâtres. Suivant Pennant cette espèce vole en troupe et se rabat dans les champs de maïs, où elle cause de grands dégâts ; elle se nourrit de châtaignes et de glands ; elle mange des vers, des serpents aussi, mais très petits sans doute : ces oiseaux enfin placent leur nid dans les lieux couverts et humides ; la femelle y pond au mois de mai des œufs couleur d'olive, tachetés de gris noirâtre. Tels sont tous les renseignements que nous pouvons donner, et qu'il a été possible d'extraire de tout ce qui a été rapporté sur cette belle espèce de geai. Si nous n'avons rien à y ajouter, on nous saura peut-être quelque gré de la figure vraie que nous donnons de l'oiseau. Nous observerons que dans le plus grand nombre d'individus adultes que nous avons vus de l'espèce, nous avons remarqué pour toutes différences qu'il y en avoit qui étoient plus petits, et qui avoient des couleurs moins vives, la huppe plus courte, et le bandeau noir du front sur-tout bien moins prononcé que d'autres. Nous présumons avec quelque fondement que ces individus plus petits n'étoient que des femelles. D'autres individus qui portoient tous les caractères de jeunes oiseaux, étoient semblables à ces derniers, mais ils étoient encore moins colorés qu'eux, et leur huppe étoit à peine visible.

Barraband pinx.   De l'Imprimerie de Langlois.

LE GEAI PÉRUVIEN.

(N° 46.)

Voici sans contredit le plus élégant et le plus beau de tous les geais que nous connoissions encore. Son plumage est bien de cinq couleurs toutes différentes, et tranchantes les unes sur les autres ; mais la nature a mis tant d'art dans leur opposition, qu'elles n'offrent rien de dur, rien de choquant à l'œil ; ici sur tout le manteau, sur les ailes, et les pennes intermédiaires de la queue, un beau verd semble emprunter tout son lustre de la couleur d'or des pennes latérales de la queue et de tout le dessous du corps, sur laquelle couleur il repose et ressort avec éclat ; là, sur la gorge et le devant du cou, le noir mat et velouté contraste avec le blanc pur qui l'environne, et qui, se chargeant par degrés d'une légere teinte céleste, va se marier d'un côté au bleu plus prononcé de la face, et de l'autre à celui du derriere du cou, qui lui-même va se fondre dans le verd du dos ; de sorte que toute la rudesse qui sembleroit devoir résulter du mélange du jaune et du verd opposés au noir se trouve adoucie par les oppositions ménagées des demi-teintes bleues fondues dans le blanc avec cette intelligence qui n'appartient qu'à la nature, et qui fait que les yeux se reposent agréablement sur l'ensemble de cet oiseau, distingué d'ailleurs de ses congénaires par des formes plus sveltes, plus dégagées. La queue du geai péruvien est longue et étagée, et les plumes du dessus de sa tête se boursouflent en forme de huppe ; le bec est noir, et les pieds sont noir-brun. Cette belle espece se trouve au Pérou ; mais elle est encore de la plus grande rareté dans nos collections d'Europe, car on ne la voit qu'à Madrid, dans celle du roi d'Espagne, seul cabinet où je l'ai vue, et où M. Davila, qui en étoit le directeur, me permit de la décrire. J'avois cependant déja vu le même individu à Paris, entre les mains de M. Leraut, à qui Mauduit l'avoit donné à préparer ainsi que plusieurs autres oiseaux du Pérou qui avoient été adressés d'Espagne à ce dernier, et à cet effet, par le même M. Davila : c'est aussi ce même individu que Daubenton a fait servir à la mauvaise figure coloriée qu'il a donnée de l'espece dans les planches enluminées du Buffon, n° 625.

LE GEAI ORANGÉ.

(N° 47.)

Cet oiseau a, par tout son ensemble et tous ses traits caractéristiques, trop de rapports avec les geais à longues tarses et à queue fortement étagée du nouveau monde pour que nous ne le rangions pas dans la même catégorie que ces derniers. Nous le nommons geai orangé, et non, comme Buffon, geai de Sibérie, car l'espece n'habite pas exclusivement la Sibérie: nous savons qu'on la trouve aussi en Pologne et dans quelques provinces de la Suede; il est même probable qu'elle habite une grande partie du nord de l'Europe. La figure que Buffon a publiée de cet oiseau, quoique défectueuse, est cependant préférable à celle tout-à-fait mauvaise qu'on voit parmi les figures coloriées de la nouvelle édition du Buffon par Sonini, tome 44, planche 79. C'est sans doute par erreur que l'oiseau est encore nommé là *geai de Sibérie*, et surnommé *blanche coëffe*, surnom qui appartient à un autre oiseau dont on trouve la figure au bas de la même planche du même ouvrage: cependant Sonini a rapporté la description assez exacte de l'espece du geai de Sibérie, que Mauduit, qui possédoit un bel individu de cette espece, avoit publiée dans l'Encyclopédie méthodique. Cette description Buffon n'avoit sans doute pas jugé nécessaire de la donner; car il s'étoit contenté de renvoyer à la figure enluminée de son ouvrage qui étoit censée représenter l'oiseau. Il me paroîtroit raisonnable que dans des cas semblables un auteur s'assurât du moins de l'exactitude des figures qu'il publie.

Nous avons figuré de grandeur naturelle l'oiseau dont il est ici question, et que nous nommons *geai orangé* : on verra par cette figure que je n'ai pas trouvé à l'oiseau les dix pouces de longueur que lui avoit donnés Mauduit d'après l'individu qui faisoit partie de ses collections. Il n'y a pas beaucoup à se fier en général aux mesures prises sur des oiseaux empaillés: nous en avons déja dit la raison, c'est qu'il est très facile en les empaillant de raccourcir ou d'alonger les oiseaux, cela dépend entièrement de la maniere d'opérer dans cet art; si l'on ne bourre pas assez, l'oiseau s'alonge nécessairement; si l'on bourre trop, il se raccourcit. La tête du geai orangé est largement emplumée, ce qui forme à l'oiseau une sorte de huppe dont la couleur est d'un brun gris roussâtre; le front, les joues, la face et la gorge sont d'un blanc sale; le derriere du cou, les scapulaires,

Le Geai Orangé. N°. 47.

le dos, le croupion, les couvertures du dessus de la queue, les deux pennes intermédiaires de celle-ci, toutes les couvertures alaires, tout le dessus du corps enfin est d'un brun roussâtre glacé de gris : ces différentes teintes jouent tour-à-tour et plus ou moins suivant les incidences de la lumiere. Le blanc de la gorge se charge insensiblement de roux orangé à mesure qu'il descend vers la poitrine, au bas de laquelle et sur tout le dessous du corps il prend un beau ton de roux orangé vif, qui regne aussi sur les couvertures du dessous de la queue, ainsi que sur toutes les pennes latérales de cette derniere ; on voit encore cette couleur se dessiner en bordures sur le haut des ailes : les pennes alaires sont d'un noir glacé de gris ; le bec et les pieds sont noirâtres. Nous ne dirons rien des mœurs de cette espece, parceque nous n'en connoissons que les dépouilles que nous avons vues à Paris chez Mauduit, l'abbé Aubry, et M. Richebourg ; et en Hollande chez M. Carbentus.

LE GEAI BRUN-ROUX.

(N° 48.)

Buffon dit que s'il étoit possible de supposer que notre geai d'Europe eût pu traverser les mers pour passer en Amérique, il seroit tenté de regarder l'espece du geai brun du Canada, dont nous faisons sous le nom de geai brun-roux le sujet de cet article, comme n'étant qu'une simple variété du geai d'Europe; car ce naturaliste admet bien que ce geai brun, qui ne se trouve que dans l'Amérique septentrionale, differe du geai d'Europe par sa taille et sa couleur ainsi que par la longueur et la forme de sa queue, mais il pense aussi que ces différences pourroient à la rigueur ne s'attribuer qu'à l'influence du climat: quant à moi, qui n'ai pas à beaucoup près la même opinion sur les prétendues influences des climats, contre lesquelles même j'ai des exemples sans nombre, je pense qu'il seroit moins absurde de supposer que notre geai d'Europe eût pu traverser les mers qui séparent notre continent de celui d'Amérique, que de supposer que l'ayant fait, il se fût dénaturé au point où il le seroit, puisque tant d'autres especes que nous connoissons et qui habitent des climats encore plus différents entre eux que ne le seroient les continents d'Europe et du nord de l'Amérique, n'ont subi aucune altération sensible non seulement dans leurs formes, mais pas même dans leurs couleurs. Au surplus le lecteur jugera par lui-même, en comparant les figures exactes et de grandeur naturelle que nous donnons de l'un et de l'autre, de cette grande ressemblance que trouve Buffon entre le geai brun d'Amérique et le geai d'Europe; ressemblance qu'on est même plus qu'étonné que cet auteur ait pu établir, lorsqu'en jetant les yeux sur la planche coloriée, n° 530 de son ouvrage, laquelle est censée représenter le geai brun d'Amérique, on voit que cette mauvaise enluminure n'a aucun des traits qu'il indique dans sa description, et qu'elle ressemble si peu à l'espece dont il est question, qu'on croiroit que c'est par erreur que cette figure porte le nom de geai brun du Canada, et que Buffon n'a pas connu ce geai; il sembleroit enfin que son geai brun du Canada n'est absolument pas de l'espece de notre geai brun-roux: mais nous avons tant eu d'occasions de citer d'autres exemples du peu d'exactitude des planches coloriées de Buffon, et même de ses descriptions, que celui-ci doit en paroître moins surprenant. Quoi qu'il en soit, voici exactement le geai

Le Geai brun-roux. N.º 48.

brun de l'Amérique méridionale, tel que nous le connoissons, tel que
nous l'avons vu et examiné à loisir dans plusieurs cabinets. Nous ne parlerons pas de ses dimensions, la figure que nous en donnons le représen-
tant de grandeur naturelle; sa tête, forte et abondamment fournie de
longues plumes soyeuses qui lui forment une espece de huppe hérissée,
assez semblable à celle de notre geai d'Europe, est d'un brun terreux clair
qui se répand sur le derriere du cou, le manteau, le dos, et les pennes
intermédiaires de la queue; la gorge est blanchâtre, mais ce blanc se
charge d'un gris roussâtre sur les joues, et à mesure qu'il descend sur la
poitrine il finit par être tout-à-fait roux sur les flancs et sur les couvertures du dessous de la queue; le croupion et les pennes latérales de la
queue sont aussi roux; les petites couvertures du poignet des ailes sont
gris-brun, les moyennes et les grandes rousses; les pennes alaires sont en
général d'un brun-noir et portent une bordure rousse qui file sur les bords
extérieurs de leurs barbes vers leur naissance; le bec, les pieds et les
ongles sont bruns. J'ai vu cinq individus de l'espece du geai brun-roux,
dont un chez M. Holthuysem, à Amsterdam, le mieux conservé de tous,
celui aussi que j'ai fait servir à la figure que j'en donne; le second fait partie
du cabinet de M. Raye de Breuckelerwaert, même ville; M. Boers, bailli
d'Hasserswoude, près Leyde, en possede un autre; l'abé Aubry enfin et
Mauduit en avoient chacun un dans leurs beaux cabinets à Paris. Nous
ne connoissons pas par nous-mêmes les mœurs de cet oiseau; mais Pennant, qui paroit l'avoir observé dans son pays natal, rapporte qu'il n'habite pas seulement le Canada, mais qu'il l'a trouvé encore à la baie d'Hud-
son, à Terre-Neuve, et même sur d'autres parties de la côte occidentale
du nord de l'Amérique; cet auteur ajoute que l'espece habite les forêts,
et que pendant l'hiver elle approche des habitations, où elle se fait détes-
ter par ses voleries et les dégâts qu'elle y fait; car, comme notre geai d'Europe, celui-ci fait des provisions d'hiver; à défaut de grains il se nourrit
d'algues, de vermisseaux et de chair : il fait son nid sur les pins, et ses
œufs sont de couleur bleue.

Si nous terminons ici l'histoire des geais sans parler des especes que les
naturalistes ont rapportées à ce genre, c'est que nous ne les avons jamais
vues en nature, et qu'il sera facile au lecteur de suppléer à notre réserve
en consultant la nouvelle édition de Buffon par Sonnini, où il trouvera
rassemblées, d'après les différents auteurs qui en ont parlé les premiers,
toutes ces especes, sur lesquelles nous ne pouvons établir notre opinion :
nous ferons seulement observer que l'espece donnée par Sonnini sous
le nom de *rollier geai* est un double emploi du cuit ou rollier de Mindanao de Buffon, qui est notre cuit ou rollier varié : il suffira pour s'en convaincre de voir qu'à l'article du cuit ou rollier de Maindanao de Buffon,
même dans la nouvelle édition par Sonnini, on renvoie à la planche 326
d'Edwards, où ce dernier donne le cuit en effet sous le nom de geai bleu

des Indes orientales, tandis que cette même planche 326 se trouveroit, aussi d'après Sonnini, représenter encore son rollier geai : or ce cnit étant le même oiseau que le geai bleu des Indes d'Edwards, comment le donner pour une seconde espece sous le nom de rollier geai? il est surprenant que cette méprise ait échappé au judicieux continuateur de Buffon.

Nous allons donner à la suite des geais plusieurs especes qui, se trouvant avoir quelque analogie avec eux, semblent avoir été destinées à remplir les intervalles qui les séparent d'autres genres voisins du leur ; telle est celle des jaseurs, qui lient les geais aux cotingas ; tel est le coq de roche, qu'il est impossible de se refuser à rapprocher des geais et des rolliers ; tel est enfin le casse-noix, qui, participant autant des pies que des geais, lie l'ordre des corinacés à celui de ces derniers. Cette maniere de procéder ne pouvant qu'apporter les plus grandes lumieres sur les genres à réunir dans un seul et même ordre, comme on réunit des ordres pour former des classes, servira peut-être un jour à jeter les fondements d'une méthode de classification moins arbitraire que ne le sont celles de la plupart de nos savans.

Nous allons commencer cette série d'oiseaux qui se lient aux geais par l'espece du jaseur d'Europe, et nous la terminerons par celle du casse-noix.

Le Grand Jaseur. N.º 49.

De l'Imprimerie de Langlois

LE GRAND JASEUR.

(N° 49.)

En jetant un coup-d'œil de comparaison entre notre geai d'Europe et l'espece du grand jaseur dont nous faisons le sujet de cet article, et qui habite aussi l'Europe, on ne peut qu'être surpris qu'aucun des naturalistes qui ont parlé de ce dernier ne l'ait réuni au genre du geai, plutôt que d'en avoir, comme Brisson, fait une grive, ou comme Linnée, une pie-griecche, etc. Les Anglois seuls paroissent avoir saisi les rapports frappants qu'a cet oiseau avec notre geai, puisqu'entre beaucoup d'autres noms ils lui ont donné celui de geai de Bohême, *Bohemian gay* : en effet ces deux oiseaux se ressemblent parfaitement par tous les caracteres extérieurs, ou ce que nous nommons physionomie; seulement chez celui-ci les traits de cette physionomie sont dans un plus petit module; le grand jaseur enfin est suivant nous, et d'après tous ses attributs, un très petit geai, un geai en miniature: on ne sauroit donc sans se refuser à l'évidence s'empêcher de le placer au moins immédiatement à la suite des geais, si l'on ne veut absolument pas le comprendre dans leur genre; ce que nous n'hésitons pas à faire, nous : il est même à observer que le grand jaseur s'éloigne moins des geais proprement dits et des rolliers que les especes de geais d'Amérique; car celles-ci ont le bec plus plat, les tarses plus hauts, la queue plus longue et plus étagée que les geais et les rolliers, tandis que le jaseur et notre geai d'Europe ont ces parties absolument semblables, ainsi qu'il sera facile au lecteur de s'en convaincre par la simple comparaison des figures fort exactes et de grandeur naturelle que nous donnons de ces oiseaux: mais si après les formes matérielles nous considérons le port, l'attitude, les divers mouvements du grand jaseur, c'est alors sur-tout qu'on est frappé de l'analogie qu'il y a entre lui et notre geai jusque dans l'espece de cri de surprise qu'il exprime de la gorge, et en ouvrant beaucoup le bec en même temps qu'il releve sa belle huppe, plus grande encore que celle que forme ce dernier en redressant les plumes de sa tête.

Ainsi l'espece du grand jaseur est très bien caractérisée, d'abord par une grande huppe, et ensuite par les appendices rouges qui terminent plusieurs des pennes moyennes de ses ailes, et qui sont formées par le prolongement de la côte de chacune d'elles au-delà des barbes, laquelle partie de la côte s'applatit en forme de palette ou d'une larme alongée ; ces palettes, d'un rouge vif de vermillon, sont ordinairement au nombre de cinq sur chaque aile, quelquefois de moins, fort rarement de six dans les plus vieux individus ; quelques naturalistes y en ont vu, disent-ils, jusqu'à sept : quant à moi, sur quarante individus sur lesquels j'ai compté ces palettes, je n'en ai trouvé que cinq qui en eussent six, et aucun qui en eût sept ; tous ceux sur lesquels je n'en ai compté que trois ou quatre portoient tous les caracteres d'oiseaux encore jeunes. Je remarquerai à l'égard de ces palettes attachées au bout des moyennes pennes alaires, que la premiere, à partir du côté des grandes pennes, est la plus petite, et que les autres sont successivement un peu plus grandes ; de sorte que, lorsque l'oiseau les étale, elles forment autant de rayons divergents d'une portion de cercle ; ce qui produit un effet des plus agréables, car d'un côté elles ressortent toutes sur le fond noir mat des ailes, et de l'autre elles aboutissent au blanc pur du bout des pennes dont elles font partie. (Voyez l'une de ces moyennes pennes garnie de sa palette, et que nous avons fait dessiner séparément au bas de la planche qui représente l'oiseau.) La queue du grand jaseur est composée de douze plumes d'égale longueur, et se trouve ainsi coupée carrément ; les ailes ployées vont jusqu'aux deux tiers de la longueur de la queue ; les tarses sont courts, et les pieds conformés comme ceux des geais et des rolliers : les plumes douces, fines et soyeuses de cet oiseau ont encore le moëlleux de celles de notre geai d'Europe ; son front est ceint d'un bandeau noir très étroit, qui d'un côté se porte sur les narines qu'il couvre entièrement, et de l'autre jusqu'au chignon, en s'élargissant vers les yeux ; la gorge est aussi couverte d'une plaque noire qui descend jusqu'au milieu du cou où elle se dessine circulairement ; un trait blanc sépare le noir des yeux de celui de la gorge, et se prolonge ensuite en une bande rousse, qui longeant le noir de cette derniere partie qu'elle acheve d'encadrer sur les côtés, correspond à une tache rousse aussi qu'on voit au-dessous du noir du chignon, et à un large bandeau marron qui occupe le bas de la huppe ; tout cela donne à ce bel oiseau une physionomie vraiment distinguée : la huppe, le derriere et les côtés du cou, le manteau, les couvertures des ailes, le bas du cou, et la poitrine sont d'un joli brun clair roussâtre glacé de gris, ou couleur noisette, qui sur le croupion, les couvertures du dessus de la queue, le haut de celle-ci, ainsi que sur le ventre, les flancs, et les plumes des jambes, se changent en un joli gris cendré ; les grandes pennes alaires sur un fond noir, portent chacune, excepté la premiere qui est la plus grande, une tache oblongue à leurs pointes ; ces taches sont blanches sur les premieres de ces pennes, et jaunes relevées par du blanc sur les dernieres, où elles se trouvent coupées par le blanc du bout de celles à appendices dont nous avons parlé. Les grandes couvertures des pennes alaires, ou ce que les naturalistes nomment l'aile bâtarde, sont toutes noires, à l'exception de

leurs pointes, qui sont blanches; ce qui avec les taches des pennes et le
beau rouge des palettes produit un effet très agréable sur les ailes éten-
dues; la queue est terminée par une belle bande jaune jonquille, et tout
l'espace compris entre cette bande et le gris du haut est noir glacé de gris;
la mandibule supérieure, les pieds et les ongles sont noirs; la mandibule
inférieure n'est noire qu'a sa pointe, elle est blanche à sa base; ce qui
semble prolonger encore cette petite bande blanche formée par les plumes
de cette couleur, que nous avons dit séparer le noir de la gorge de celui
des yeux : ceux-ci sont d'un rouge brun; les couvertures du dessous des
ailes sont blanches; celles du dessous de la queue, qui s'étendent jusqu'au
bout des pennes de cette dernière, sont d'un marron foncé; le revers des
pennes alaires et celui de la queue sont d'un gris glacé de blanc.

L'espece du grand jaseur se trouve dans plusieurs parties du nord de
l'Europe; elle passe aussi en automne dans quelques cantons de la France,
de l'Angleterre, et même de l'Italie; je l'ai vue, mais bien rarement, dans
les bois aux environs de Lunéville, où un garde-chasse ayant tué un de
ses individus, l'apporta pendant mon séjour dans cette ville à un de
mes amis, M. Richard, qui le conserve encore dans son cabinet. J'ai eu
moi-même pendant plus de six mois un de ces oiseaux vivant, que m'avoit
donné M. Boers, bailli d'Hasserwoude en Hollande; c'est aussi de lui que
j'ai su que l'espece du grand jaseur n'étoit pas très rare en Hollande pendant l'hiver, et qu'elle y passe ordinairement tous les ans à la même époque à-peu-près. Je nourrissois l'individu que j'ai eu vivant avec des che-
nevis concassés et de la mie de pain trempée dans de l'eau; il mangeoit
volontiers aussi des noix, des noisettes et des amendes : cet individu n'a-
voit, ainsi que celui que j'ai figuré n° 49 de mes planches, que cinq palettes rouges à chaque aile : lorsqu'il mourut je reconnus à la dissection
qu'il étoit mâle; mais comme je n'ai point été dans le cas de faire la même
opération sur les femelles de l'espece, il me seroit impossible de déterminer toutes les différences qui peuvent se trouver entre l'un et l'autre sexe :
ce qu'il y a de certain c'est qu'en considérant l'oiseau sous toute son orga-
nisation extérieure, et sur plus de quarante individus, je n'ai pas remarqué qu'il y eût d'autres différences entre eux que celles qu'on trouve entre
les individus de toute autre espece d'oiseaux vieillis dans les collections,
et dénaturés, soit par la maniere dont on les prépare, soit par les différents procédés qu'on emploie pour les préserver des insectes rongeurs.
Les individus de l'espece du grand jaseur préservés ainsi par des fumigations sulfureuses et qui avoient subi plusieurs fois cette opération des-
tructive n'avoient plus qu'un jaune terne et effacé dans celles de leurs
parties qui sont naturellement d'un beau jaune : le rouge des palettes étoit
chez eux couleur de pelure d'oignon, et le noir brunâtre; effets que produisent nécessairement sur tous les oiseaux les mêmes moyens prétendus
conservateurs, et qui sont cause de tant d'erreurs de la part des ornitho-

logistes inexpérimentés. Un naturaliste a osé avancer, d'après un individu mutilé qu'il aura vu sans doute, que la femelle du jaseur avoit douze pennes à la queue, et le mâle dix : cette assertion est trop ridicule pour que nous prenions la peine de nous y arrêter ; on peut au surplus consulter Buffon, art. du jaseur, si l'on veut avoir tout ce qui a été dit sur cet oiseau, quoiqu'on n'ait encore rien dit de satisfaisant sur ses mœurs, ses habitudes, etc., ce qu'il seroit cependant bien intéressant de connoître pour compléter son histoire. Le jaseur voyage en troupe ; mais cela arrive généralement à tous les oiseaux erratiques, et ce n'est pas une raison pour croire qu'il vive en société : nous savons que les cailles et beaucoup d'autres oiseaux voyageurs qui traversent par bandes d'immenses pays ne vivent pas pour cela en troupes, comme les étourneaux par exemple. Ainsi, quoique le jaseur, que nous surnommons grand, pour le distinguer du jaseur de l'Amérique septentrionale, beaucoup plus petit que lui, et dont nous parlerons dans l'article suivant, soit un oiseau d'Europe, nous ne connoissons pas plus son histoire que s'il habitoit les contrées les plus éloignées de notre continent : il faut donc encore le mettre au nombre de ces especes presque inconnues et qui s'offrent aux observations de quelque voyageur éclairé. Je ne vois même pas pourquoi on a donné à cet oiseau le nom de jaseur ; car quoiqu'on ait dit qu'il chantoit très bien, je n'ai entendu faire à l'individu de l'espece que j'ai eu vivant que les cris, *geai, geai, gouée, gouée ;* enfin j'ai trouvé en tout à cet oiseau tant de rapports avec notre geai d'Europe, que je suis étonné qu'on ait pu le séparer de la tribu de ce dernier. Il est à croire que de tous les auteurs qui l'ont décrit il n'en est aucun qui l'ait examiné avec attention.

Le petit Vaseur. N.º 50.

LE PETIT JASEUR.

(N° 5o.)

Dans sa description du petit jaseur Buffon n'a considéré cet oiseau que
comme une simple variété de celui de l'article précédent, que nous avons
nommé, nous, grand jaseur, pour le distinguer de celui dont il est ici
question ; car ce dernier est en effet beaucoup plus petit que l'autre, quoique Buffon le dise seulement un peu moindre de taille. L'inspection seule
des portraits fideles et de grandeur naturelle que nous donnons des deux
oiseaux suffira pour mettre le lecteur à même de juger de cette différence
dans la taille ; c'est-à-dire que comparés de masse à masse, l'un de ces oiseaux doit être à l'autre à-peu-près dans le rapport d'un à trois, ou que
pesés, le grand jaseur pescroit à-peu-près autant que trois petits jaseurs.
Mais ce n'est pas là la seule différence qui doive faire distinguer ces
deux jaseurs, quoiqu'il y ait d'ailleurs beaucoup d'analogie entre l'un et
l'autre ; mais ces ressemblances et les autres différences, nous nous contenterons de les indiquer sans rien préjuger sur l'identité ou la diversité
d'espece des deux oiseaux. Nous laissons aux naturalistes le soin de décider cette derniere question comme il leur plaira, notre objet à nous,
n'étant que de multiplier les observations sans nous arrêter à rien de ce
qui peut avoir rapport aux idées purement systématiques : or de toutes ces
idées il n'en seroit pas, je pense, de plus systématique que celle qui feroit
supposer que notre jaseur d'Europe, ou le grand jaseur eût passé en Amérique pour s'y amoindrir et y former la variété du petit jaseur, ou bien
que le petit jaseur eût passé d'Amérique en Europe pour y engendrer la
race des grands jaseurs : car pour que ces oiseaux ne fussent l'un qu'une
variété de l'autre il faudroit nécessairement adopter l'une ou l'autre de
ces deux opinions ; et dans les deux cas il seroit également difficile d'assi-
gner la cause d'un aussi grand changement, non seulement dans la taille,
mais encore dans les couleurs de certaines parties, dans les formes, et
même dans les caracteres de l'oiseau : je dis même dans les caracteres,
parceque les méthodistes, et par conséquent les naturalistes à systèmes, attachent en général aux moindres caracteres la plus grande importance
pour l'ordre de leurs classifications. Le petit jaseur a les narines en partie découvertes ; celles de l'autre au contraire sont entièrement bouchées
par les plumes poileuses du front : le bec du premier est plus large et plus

plat que celui du second ; et à cet égard je suis bien persuadé que sans l'analogie des couleurs, de celle sur-tout des petites palettes rouges du bout des moyennes pennes alaires que portent les deux oiseaux, il n'y a pas un méthodiste qui n'eût fait du petit jaseur un cotinga. La huppe du petit jaseur est moins fine, c'est-à-dire moins soyeuse, moins transparente que celle du grand, et la plaque noire de sa gorge n'embrasse qu'un très petit espace, tandis que chez l'autre elle descend fort bas. Le petit jaseur a les couvertures du dessous de la queue blanches, et le grand, marron foncé, ainsi que nous l'avons vu ; les plumes du bas-ventre et des flancs sont jaune pâle chez le premier, et gris cendré chez l'autre ; le petit jaseur enfin a les ailes d'une couleur uniforme, grisaille avec un petit liseré blanc sur les bords des grandes pennes, au lieu de ces belles taches blanches et jaunes qui font un si bel effet sur les ailes noires du grand. Cependant si toutes ces différences ne suffisoient pas pour constituer deux especes, en voici une qui paroîtroit devoir lever tous les doutes à cet égard ; c'est que la premiere grande penne de l'aile du grand jaseur est la plus longue, et que toutes les autres sont successivement plus courtes, tandis que chez le petit cette premiere grande penne est plus courte que la seconde, et que celle-ci et la troisieme sont égales entre elles : quant aux couleurs du plumage, c'est-à-dire à celles de la huppe, du cou, de la poitrine, des couvertures des ailes, du manteau, et à celles ainsi qu'à la forme des palettes et de la bande du bout de la queue, tout cela, y compris la queue elle-même, est semblable dans les deux oiseaux ; si ce n'est cependant que le jaune du bout de la queue et le rouge des palettes sont plus vifs chez le petit jaseur que chez l'autre ; le bec du petit jaseur est noir, et ses pieds sont brunâtres. Ces deux oiseaux enfin ont chacun un bandeau noir sur le front, lequel bandeau passe de chaque côté au-dessus de l'œil, et va se réunir par derriere sous la huppe. Buffon a trouvé plus de longueur aux ailes du petit jaseur qu'à celles du grand ; suivant lui elles aboutissent plus vers l'extrémité de la queue chez le premier : mais ceci est une erreur occasionnée sans doute par la mauvaise préparation des individus qu'aura vus ce naturaliste ; c'est aussi, ou par erreur, ou par faute d'impression qu'on lit dans le même auteur que la poitrine du petit jaseur est blanchâtre. Nous avons examiné plus de deux cents petits jaseurs faisant partie d'un même envoi d'oiseaux qui venoient de l'Amérique septentrionale, et il est très certain que je n'en ai pas trouvé un seul dont la poitrine fût blanchâtre ; ce que j'ai vu, c'est un grand nombre de ces mêmes oiseaux qui manquoient absolument de palettes, dont le nombre est ordinairement de six sur chaque aile ; il est probable que tous ces individus étoient femelles. Nous n'avons pas jugé nécessaire de donner aucune figure des femelles, parcequ'aux palettes près qu'elles n'ont jamais, et à quelques teintes qu'elles ont plus foibles, elles sont absolument semblables aux mâles.

Quant aux mœurs du petit jaseur, nous n'avons aussi rien à en dire; elles seroient cependant bien intéressantes à connoître, ainsi que celles du grand jaseur; car autrement comment se faire une opinion raisonnable sur l'identité ou la diversité d'espece de ces deux oiseaux, dont l'un, celui qui a fait le sujet de cet article, ou le petit jaseur, ne se trouve que dans l'Amérique septentrionale, et l'autre qu'en Europe? Buffon dit bien avoir vu un individu du petit jaseur qui venoit de Cayenne; je doute qu'il vînt de Cayenne : car dans les nombreuses pacotilles d'oiseaux que j'ai vu arriver de la Guyane je n'ai jamais trouvé un seul jaseur. J'ai aussi de la peine à croire que Fernandez ait vu cet oiseau au Mexique.

De toutes ces observations sur l'un et l'autre jaseur il sera facile au lecteur de conclure que celui que nous avons nommé grand jaseur se rapproche plus des geais que le petit, qui, quoique du même genre sans doute, a cependant plus de rapports avec les cotingas, dont il a absolument la forme de bec. La place de ces deux oiseaux paroît donc devoir être entre les geais et les cotingas. Ces deux oiseaux confirment aussi d'une manicre frappante ce que j'ai dit bien des fois, que la nature étoit loin de s'être restreinte à donner aux différentes especes d'oiseaux d'un même genre des caractères aussi exactement semblables qu'il le paroîtroit d'après les regles strictes de nos méthodistes à cet égard.

LE COQ DE ROCHE,

LE MALE ADULTE, LA FEMELLE, LE MOYEN AGE.

(N° 51, 52, 53.)

Ce bel oiseau de l'Amérique méridionale portant une huppe de la forme de la crête de nos coqs d'Europe, et vivant au milieu des roches ; les colons de la Guyane, et particulièrement ceux de Cayenne, où il paroît être très commun, lui ont donné le nom de coq de roche, comme chez nous le peuple a donné à la huppe celui très impropre de coq des bois ; nom que les naturalistes n'ont point adopté ; comme ils auroient dû aussi, je pense, ne pas adopter celui de coq de roche : car il est bien constant que l'oiseau ainsi nommé n'appartient pas au genre gallinacé. Cependant puisqu'elle a prévalu, et que c'est celle sous laquelle il est le plus généralement connu, nous lui conservons ici cette dénomination : mais quelle que soit l'opinion des naturalistes sur le genre auquel il faudroit le rapporter, nous le plaçons parmi les geais et les rolliers, sinon comme vrai geai ou vrai rollier, au moins comme devant être compris dans leur ordre, et faire partie de leur tribu ; car nous lui trouvons avec eux les plus grands rapports. Cette espece est trop généralement connue et a été trop bien décrite par plusieurs naturalistes pour qu'il soit nécessaire de donner de ses couleurs une description détaillée ; et les belles figures que nous en publions suffisent pour faire connoître parfaitement ses attributs et ses formes, si mal rendus dans tous les portraits qu'on nous a faits jusqu'ici d'un des plus beaux oiseaux que nous connoissions encore. Il s'en faut cependant de beaucoup que tous les individus de l'espece qu'on voit dans les collections soient aussi beaux, aussi purs et aussi vivement colorés que celui qu'on peut voir dans mon cabinet, et qui a servi de modele à la figure que nous donnons du mâle adulte du coq de roche. La raison de cette différence, quoique très naturelle, et qu'elle puisse s'appliquer à toutes sortes d'oiseaux, n'étant pas assez généralement sentie des naturalistes, j'espere qu'ils ne me sauront pas mauvais gré de la dire avec quelque détail. Le coq de roche, comme en général tous les oiseaux, et notamment ceux qui sont le plus favorisés de la nature, soit par des attributs particuliers ou par des couleurs éclatantes, ne parvient à toute sa beauté qu'au bout de quelques années ; de

Le Coq de roche mâle. N°. 51.

...nd. pinx.t   De l'Imprimerie de Rousset.   Grémillet sculp.t

Le Coq de roche femelle. N.º 52.

Le Coq de roche jeune âge. N.º 53.

sorte que dans son premier âge il diffère entièrement de ce qu'il doit être dans l'état parfait. Nous avons trop fourni d'exemples d'une telle différence dans beaucoup d'autres oiseaux, par l'attention que nous avons toujours eu de rassembler autant d'individus de chaque espece qu'elle subit de changements notables dans ses différents âges, pour qu'on puisse à cet égard conserver le moindre doute. Ce n'est donc qu'à l'âge de quatre ans que le mâle de l'espece du coq de roche prend sa belle couleur orangé vif tirant sur le rouge; dans son premier âge il est par-tout d'un brun uniforme, et sa huppe, très petite encore, ne s'éleve que de trois ou quatre lignes, et n'occupe qu'un petit espace sur le front près des narines; son bec et ses pieds sont bruns. Après la premiere mue sa couleur brune prend un ton orangé sur les ailes et la queue; sa huppe devient plus ample, et se porte déja jusqu'au-delà des yeux; mais elle n'est pas encore aussi fournie ni aussi élevée que dans l'âge fait: l'oiseau est alors tel que nous avons représenté la femelle supposée. Après la seconde mue on trouve les coqs de roche bigarrés des couleurs brunes du second âge et de celles orange de l'âge fait: dans cet état, ils sont plus ou moins tachetés de brun, suivant qu'au moment où on les prend ils sont plus ou moins près de leur troisieme mue; époque après laquelle ils ont entièrement revêtu la livrée de l'âge fait. Cependant quoiqu'alors le coq de roche soit déja très beau, sa couleur n'est pas encore de l'orangé rougeâtre ou fleur de capucine foncé, qu'il n'acquiert qu'à mesure qu'il avance en âge. Il faut donc tuer un vieux coq de roche mâle pour l'avoir dans toute sa beauté: cela ne suffit même pas; la saison de l'année où on le prend, même dans l'âge fait, n'est pas indifférente pour l'avoir pur et dans tout son éclat: il faut choisir celle où il entre en amour, peu de temps après sa dernière mue: ses plumes ont alors toutes leurs barbes pleines et leur fraîcheur. L'oiseau a-t-il commencé à travailler à son nid? déja il est souillé; ses plumes sont froissées dans les différents mouvements et par les frottements auxquels tous les oiseaux sont assujétis dans la construction de leurs nids; ils couvent après avoir fait leurs nids, et bientôt après ils se trouvent en partie déplumés; mauvais moment pour faire une collection d'oiseaux; plus tard ils sont dans un état pis encore: les rayons brûlants du soleil, les pluies, l'action de l'air ont altéré sensiblement leurs couleurs; elles ont pâli ou même disparu; et tel oiseau dont au printemps on eût admiré l'éclat et la fraîcheur de son vêtement, ne se présente presque plus en automne que couvert de haillons, fané, déchiré, dépouillé: c'est l'image de la rose qui le matin qu'elle vient d'éclore offre à nos regards son vif incarnat, et embaume l'air qui l'environne; mais qui le soir a perdu et ses couleurs et son parfum délicieux. Il n'est donc pas aussi facile qu'on pourroit bien se l'imaginer d'assortir une belle collection d'oiseaux, c'est-à-dire une collection dont tous les individus auroient été pris dans les temps favorables et auroient ensuite conservé toute la pureté de leurs formes et de leurs couleurs; et parmi tels oiseaux très beaux, très purs, qu'on a placés dans une collection, il en est beaucoup encore qui au bout de plus ou moins d'années deviennent méconnoissables; et le coq de roche est un de ceux dont la dégradation des couleurs s'opere le plus promptement : on a vu des individus de l'espece plus foncés en couleur que d'autres et n'en devenir pas moins dans des cabinets très éclairés couleur de feuille morte, et même presque entièrement d'un blanc roux ou isabelle.

L'opinion le plus généralement adoptée chez les naturalistes sur la différence des sexes dans l'espece du coq de roche est que le mâle est d'un jaune orangé, et la femelle d'un brun plus ou moins nué de jaune orange. Comme je n'ai jamais été dans le cas de disséquer moi-même aucun de ces oiseaux, je donne aussi sur celles de mes planches qui les représentent le brun orange pour la femelle de l'espece. Je dois cependant avouer que je ne suis pas tout-à-fait de l'avis des naturalistes à cet égard, et que je pense que la femelle coq de roche devient entièrement couleur d'orange comme le mâle lorsqu'elle atteint l'âge fait, quoiqu'elle n'ait jamais les couleurs aussi vives que lui, dont elle diffère encore en ce qu'elle est plus petite. La raison de la restriction que je mets ici à l'opinion des naturalistes, que j'adopte néanmoins en attendant des renseignemens certains à l'égard du sexe chez ces oiseaux, c'est que sur trente-un coqs de roche, bruns, brun orangé, ou tachetés d'orange et de brun, que j'ai vus, je n'en ai pas trouvé un seul qui ne m'ait présenté tous les caracteres d'oiseaux jeunes encore; tandis que sur plus de deux cents individus adultes de l'espece je n'en ai pas vu un seul dont le plumage fût brun. J'ai remarqué dans ces derniers que les uns étoient plus gros que les autres, et que les plus gros avoient des huppes plus amples et plus élevées que les plus petits, en général moins colorés aussi, abstraction faite des différents degrés de décoloration opérés par les causes que nous avons indiquées plus haut, et qui sont faciles à reconnoître pour un œil exercé.

Tout ce que nous avons pu apprendre des mœurs et des habitudes du coq de roche, c'est qu'il habite les cavernes profondes et obscures des rochers, qu'il y construit grossièrement son nid avec de petits morceaux de bois sec; que la femelle pond deux œufs blancs de la grosseur de ceux des plus gros pigeons ; que l'espece se nourrit de fruit, qu'elle a l'habitude de gratter la terre, de battre des ailes, et de se secouer comme les poules; qu'enfin le cri de ces oiseaux peut être rendu par la syllabe *ké*, prononcée d'un ton aigu et traînant; qu'ils s'apprivoisent très facilement, et qu'on les trouve en assez grande quantité dans la montagne Luca, près d'Oyapoc, et dans celle Conrouage, près de la riviere d'Aprouack. Nous ajouterons à ces observations qu'on doit à Sonnini, qui les avoit communiquées à Buffon, qu'autrefois le coq de roche étoit très-rare, mais qu'aujourd'hui il est très-recherché et déja assez commun dans nos collections d'Europe.

Le Coq de roche du Pérou. N.º 54.

Barraband pinx.

De l'Imprimerie de Rousset.

LE COQ DE ROCHE DU PÉROU.

(N° 54.)

Buffon est le premier qui ait parlé du coq de roche du Pérou ; il l'a décrit d'après un individu envoyé de Madrid pour être préparé à Paris ; et c'est d'après ce même individu que Mauduit a donné dans l'Encyclopédie méthodique une description de l'espèce plus détaillée que celle de Buffon. J'avois vu ce même oiseau avant qu'il ne fût préparé, et je l'ai vu depuis encore à Madrid, dans le cabinet du roi d'Espagne, où M. Davila, qui en étoit alors directeur, me permit de le dessiner et de le décrire : ma description s'est trouvée, à quelques détails près, conforme à celle de Mauduit. Buffon ne regarde cet oiseau que comme une variété du coq de roche de la Guyane, que nous avons décrit précédemment ; et en cela je ne suis pas entièrement d'accord avec lui, parce que ces deux oiseaux ont des caracteres très-différents l'un de l'autre, et qu'alors ils pourroient bien former deux especes ; mais pour s'en assurer plus positivement il faudroit que nous connussions celui-ci comme nous connoissons celui de la Guyane ; il faudroit de plus avoir des individus des deux sexes et de tous les âges du coq de roche du Pérou ; ce dont nous sommes encore loin, puisque celui dont il est ici question paroît être le seul que nous ayons encore en Europe. Il y auroit donc de la légéreté à vouloir confondre ces deux oiseaux dans une même espece, lors sur-tout que tout nous porteroit plutôt à les séparer ; car le coq de roche du Pérou a la queue non seulement plus longue que celle du coq de roche de la Guyane ; mais cette partie est légèrement étagée chez lui dans ses deux pennes les plus latérales, tandis que toutes les pennes de la queue de l'autre sont égales entre elles. De plus les couvertures du dessus de la queue du coq de roche de la Guyane sont coupées carrément et plus larges au bout ; caractere que n'a pas celui du Pérou : la huppe chez ce dernier n'avance pas autant vers le bout du bec que chez l'autre, qui, ainsi qu'on peut le voir sur nos planches, en a cette partie presque entièrement couverte. Les plumes de la huppe de ces deux coqs de roche sont aussi différentes dans l'un de ce qu'elles sont dans l'autre, plus souples et mieux fournies de barbes dans celui du Pérou que dans celui de la Guyane. Non seulement enfin la premiere grande penne de l'aile se termine en une pointe déliée chez le coq de roche de la Guyane, mais elle y

porte sur les dernières plumes près du dos de longs filets relevés en
franges ; ce qu'on ne trouve absolument pas dans le coq de roche du
Pérou , dont au surplus la queue et les ailes sont entièrement d'un noir
orangé sans bordures orange ni taches blanches , et les dernieres plumes
des ailes voisines du dos d'un joli gris de perle ; le reste de son plumage est d'un jaune souci uniforme un peu plus foncé que sous le corps ;
on n'y voit pas même cette riche bordure pourpre qui circonscrit d'une maniere aussi élégante qu'agréable la huppe du coq de roche de la Guyane. Si
toutes ces différences bien sensibles, et que le lecteur saisira d'abord en
comparant les figures exactes que nous donnons des deux oiseaux, ne suffisent pas pour faire de ceux-ci deux especes distinctes, elles sont telles au
moins qu'elles doivent, ainsi que je l'ai déja dit, nous empêcher de prononcer sur leur identité, si l'on considere encore que le climat de la Guyane
n'est pas assez différent de celui du Pérou pour qu'il ait pu dans l'un ou
l'autre agir sur un oiseau de maniere à en dénaturer jusqu'aux formes des
plumes, lorsque nous voyons que tant d'autres especes communes aux deux
pays restent en tout parfaitement semblables. Au reste les naturalistes ne
s'étant point expliqués sur ce qu'ils entendoient par *variété* d'une espece
quelconque, il est difficile ou plutôt inutile de rien discuter avec eux à cet
égard. Quant à nous nous, avons toujours dit assez clairement ce que nous
entendions par le mot *variété*, pour qu'on ne puisse plus nous faire le
même reproche: aussi il y auroit apparence qu'il faudroit plutôt regarder
le coq de roche du Pérou comme une espece distincte de celle qu'on
trouveroit à la Guyane, puisque, pour que l'un de ces oiseaux fût une
variété de l'autre, il faudroit qu'il provînt de cet autre; ce qu'il sera toujours difficile de prouver, si tous les coqs de roche sont au Pérou semblables par leurs formes à l'individu que nous avons vu Buffon, Mauduit,
et moi, le seul que nous ayons en Europe, et faisant partie du cabinet
du roi d'Espagne à Madrid.

Le Casse noix. N.º 55.

LE CASSE-NOIX MALE.

(N° 55.)

Nous terminons l'histoire des oiseaux de la tribu des geais par l'espece du casse-noix, qui, participant d'eux et des pies par ses formes et par quelques-unes de ses habitudes, est très-propre à remplir l'intervalle qui se trouve entre ces deux grandes familles d'oiseaux de l'ordre des corinacés. Le casse-noix a aussi des rapports étonnants avec notre étourneau d'Europe; il en a si précisément les formes, et même le plumage tacheté de blanc, qu'on est surpris que les méthodistes n'ayent pas fait de cet oiseau un grand étourneau. Il est bien vrai que sous le rapport des mœurs et des habitudes le casse-noix differe, à beaucoup d'égards, des étourneaux; mais combien de fois n'est-il pas arrivé que cette derniere considération n'est entrée pour rien dans les systêmes des naturalistes à méthodes? L'espece du *casse-noix* a été ainsi nommée à cause de son goût pour les noix, goût si décidé et qu'on lui connoît si généralement, qu'il porte presque par-tout le même nom dans les différens pays d'Europe qu'il habite ou qu'il parcourt, je dis *ou qu'il parcourt*, parce qu'il voyage beaucoup, et qu'il paroît ne se fixer nulle part pour long-temps : il fait aussi ses courses à des époques irrégulieres ; on ne le voit même que dans certaines saisons de l'année dans les pays qu'il visite, mais presque toujours dans celle où les fruits qu'il recherche sont mûrs et abondants ; connoissance qu'il ne tarde pas à acquérir : ainsi dans la Lorraine, l'Alsace, et tout le pays Messin, où l'on trouve une grande quantité de noyers, les casse-noix ne manquent pas d'y passer tous les ans en septembre; mais l'on a très-bien remarqué qu'ils n'y séjournent pas et qu'ils passent outre du moment qu'ils ont reconnu que l'année étoit mauvaise en noix; sans doute qu'ils ne s'arrêtent ensuite que dans les cantons où ces fruits abondent: cependant, à défaut de noix, qu'ils cassent ou plutôt qu'ils fendent très-adroitement en introduisant dans les jointures leur bec long, effilé, et grossissant toujours davantage vers sa base ; à défaut de noix, disons-nous, ces oiseaux se nourrissent de diverses autres sortes de fruits, tels qu'amandes, noisettes, pignons, glands, et même d'insectes. On a observé aussi que dans l'état de domesticité le casse-noix avoit l'habitude de cacher les objets qu'il pouvoit dérober; ce qui vient nécessairement de celle qu'a cet oiseau, dans l'état naturel, de faire des provisions pour la

saison morte. Cet oiseau ne se fixe et ne se plaît que dans les pays mon-
tagneux ; aussi est-il commun en Auvergne, en Savoie, en Suisse, dans
les Vosges, et particulièrement dans les cantons où croissent beaucoup de
sapins, dont il mange le fruit avec plaisir, après l'avoir épluché : il construit
son nid dans un trou d'arbre vermoulu, et sa ponte est de quatre à six
œufs jaunâtres tachetés de noir-brun.

Les caractères du casse-noix sont d'avoir le bec droit, long, effilé, et
arrondi sur toutes ses faces ; les deux mandibules égales, et s'applatissant
un peu vers la pointe ; la langue courte, triangulaire ; les narines rondes
et absolument couvertes par les plumes poileuses du front, qui se portent
en avant ; les pieds sont robustes, les ongles grands et forts ; la queue est
légerement étagée, et les ailes ployées vont jusqu'au milieu de celle-ci :
les trois premieres grandes pennes alaires sont aussi très-étagées. Quant
aux couleurs, tout le plumage est sur un fond brun plus ou moins foncé,
suivant l'âge de l'oiseau, très-régulièrement tacheté de blanc, à l'exception de tout le dessus de la tête qui est d'un brun noir uniforme ; les
taches blanches sont en larmes, plus petites vers les joues et la gorge
que par-tout ailleurs, et grandissant progressivement sur la poitrine
et tout le dessous du corps jusqu'aux couvertures du dessous de la
queue, qui sont du blanc le plus pur ; les ailes et leurs grandes couvertures supérieures sont d'un noir luisant ; les couvertures du poignet
des ailes sont tachetées de blanc sur le même fond noir, lequel noir est
aussi la couleur de la queue, largement terminée en blanc, de maniere
que ce blanc occupe toujours plus d'espace à mesure que la penne est
plus latérale ; le bec, les pieds et les ongles sont noirs ; les yeux d'un
brun noisette ; les plumes qui couvrent les narines sont en partie blanches et noir-brun ; et les couvertures du dessous des ailes d'un brun noir
tacheté de blanc. La femelle diffère du mâle en ce qu'elle est plus petite
que lui. Chez elle le blanc est aussi moins pur et les taches moins bien
dessinées ; chez les jeunes le brun est fort clair, le blanc par-tout impreigné
d'une teinte roussâtre, et le noir des ailes et de la queue y tire au brun.

Comme le casse-noix se retire dans des trous d'arbre, et qu'il y fait
sa ponte, on a supposé qu'il grimpoit à la maniere des pics : il étoit facile
cependant d'induire de ce que la nature lui ayant refusé tous les attributs
des oiseaux grimpeurs, il lui étoit impossible de grimper ; on a même
dit aussi qu'on avoit dans certains pays proscrit le casse-noix en mettant
sa tête à prix, et cela parce que perçant les arbres, il endommageoit
beaucoup les forêts ; erreurs populaires qu'on est étonné de voir répéter
par beaucoup de savants et qui tendroient à faire conclure qu'il faudroit
pour la conservation des bois détruire et les pics et les casse-noix, ainsi
que tant d'autres oiseaux qui nichent aussi dans des trous d'arbres ; ce
qui feroit au contraire leur perte : car ces oiseaux détruisent les insectes,

qui, rongeant le corps des arbres, y causent ces cavités dont les oiseaux ne font que profiter pour y faire leurs nids. Disons-le donc encore une bonne fois pour toutes ; il n'y a pas d'oiseaux qui ne soient état de faire un trou dans un arbre sain pour s'y loger.

LE PETIT ROLLE VIOLET À GORGE BLEUE.

(N° 56.)

Ce rollier ne nous étant parvenu qu'après que nous eûmes terminé
l'histoire de ceux de ce genre, que nous connoissions alors, nous le plaçons ici pour le faire connoître aux naturalistes. Il est un peu plus fort
de taille que notre petit rolle violet ; mais il lui ressemble tellement par
toutes ses formes et par tous ses caracteres essentiels, qu'il n'est pas possible de ne pas le regarder comme n'en étant qu'une variété d'âge ou
de sexe ; car il n'en diffère que par sa belle couleur bleue qui enveloppe
la gorge, et en ce que les couvertures du dessous de la queue sont
chez lui d'un noir-bleu violâtre, au lieu d'y être couleur d'aigue-marine
comme chez l'autre : or, d'après ces derniers caractères, qui, ainsi que
nous l'avons dit, sont loin de suffire pour constituer une espece particuliere, je serois porté à croire que le petit rolle violet à gorge bleue
est le mâle, et celui de notre n° 35 la femelle d'une seule et même
espece ; ce qui est d'autant plus présumable que ce petit rolle à gorge
bleue a été aussi apporté de l'Afrique. Nous savons de plus aujourd'hui
que notre rolle à gorge bleue des Indes, figure 36, est un mâle dans
son espece, et qu'il differe de sa femelle en ce que celle-ci est un peu
moins forte de taille et un peu moins verte que lui, en ce qu'enfin elle
n'en a pas le bleu de la gorge. Cette derniere femelle est depuis peu de
temps au cabinet d'histoire naturelle, à Paris : elle faisoit partie de
la riche collection de Baudin, fruit de ses recherches et de celles des
naturalistes qui l'avoient suivi dans sa derniere expédition. Nous aurions bien desiré de la faire figurer dans cet ouvrage ; mais toutes les
planches étant gravées et classées par n°ˢ, nous n'avons pas cru devoir
déranger l'ordre dans lequel elles étoient placées. Nous aurions également pu faire figurer la femelle et le jeune âge de notre rolle à masque
noir, que nous n'avions pas non plus encore lorsque nous avons donné
l'histoire des rolliers ; mais les mêmes raisons nous ont empêché de les
faire connoître autrement que par des descriptions ; ce qui pourra en
donner une idée suffisante aux amateurs. Nous nous bornerons même à
dire de ces derniers oiseaux que le rolle à masque noir, n° 30 de nos
planches, est indubitablement un mâle, et que sa femelle diffère de lui
en ce qu'elle est un peu moins forte, que ses couleurs sont en général

Le petit Rolle violet à gorge bleue. n.° 56.

moins prononcées, et que le noir ne fait chez elle qu'embrasser la gorge sans descendre sur la poitrine. Le jeune est entièrement d'un gris roussâtre uniforme, et la tête et le cou, au lieu de noir, portent chez lui une sorte de grivelure roussâtre sur un fond gris-blanc. On voit aujourd'hui au Muséum d'histoire naturelle, à Paris, plusieurs individus mâles, femelles, et jeunes de l'espèce du rollier à masque noir, provenant tous des voyages de Baudin. Il paroît donc certain que si cette espèce se trouve en Afrique, on la trouve aussi aux Indes; ce qui n'est pas du tout extraordinaire, puisqu'il est bien d'autres espèces que celles-là qui sont communes à ces mêmes contrées. L'individu que nous avons figuré ici du petit rolle violet à gorge bleue fait partie de la collection de M. Temminck, à Amsterdam.

FIN DU PREMIER VOLUME.

TABLE
DU PREMIER VOLUME,

CONTENANT

L'HISTOIRE NATURELLE
DES OISEAUX DE PARADIS, etc.

TABLE.

FIN DE LA TABLE DU PREMIER VOLUME.